老樹創意

老樹創意

我命在我 不在天

你不能不知的人性潛規則

（原書名：方圓水煮魚）

陳鵬飛

前言

在浩瀚無邊的大海裡，有美麗悅目的珊瑚群，也有聲勢駭人的大風暴；有風平浪靜的悠閒，也有充滿危險的漩渦……人生在世，又何嘗不是如此呢？有成功帶來的喜悅，也有失敗留下的失意；有雙翅展天的勃勃雄心，也有處處碰壁的沮喪徬徨……得與失，實與虛，勝和敗，苦和甜，人生似乎總是在兩種極端之間尋求平衡；面對這一切考驗和挑戰，人要把握動與靜，處理方與圓！

莎士比亞說過：「人生是一個大舞臺，這裡的男男女女都不過是演員。」在人生的大舞臺上，每一個人都要扮演自己的角色，角色中有方也有圓。在方與圓的交融中，有道德和欲望的對立，有規則和違規的鬥爭，也有明規則和潛規則的並行。每個人的爲人處事，都是在方形的規則中圓通地生存，都要把人性限制在一定大小的方格裡。世事如棋人如子，棋盤爲方，棋子爲圓，圓形的棋子在方形的棋盤中運籌帷幄，終難逃脫棋盤的約束。方與圓，是每個人一生中不斷運用和調整的兩套法則，是每個人一生的哲學，是生存中永恒的主題。

本書將魚在水中的生存之道與人在社會的生存法則巧妙地結合起來，形象生動又發人深省。如果你會讀，你會悟，你會從中讀出醉人的章節，聽到成功的旋律。當我寫這本書的時候，我的生命在湧動，我知道自己在不斷地尋找著、企盼著，我感覺到了思考的力量，聽到了感悟的聲音。

本書是事業成功的必讀經典，生存發展的永恒聖經，透心徹骨的引導感悟，貫穿一生的醍醐灌頂。

眞誠希望本書的讀者們，行走社會如魚得水，進退方圓遊刃有餘！

前言 2

第二章 生死在水天

第三章 魚道本無痕

第四章 海闊任魚躍

第一章 魚遊深水中

人生在世，如魚之在水。
世有辛酸苦辣事，人有悲歡離合情。
在深不見底的歷史中求索，就像魚兒在廣袤無垠的大海中遊弋。
魚遊深海中，要懂得趨福避禍，尋樂求生。
人的生存，也需要掌握辦事的藝術，掌握進退與深淺的火候。

小惠在前，求人不難

一般而言，人不論做什麼事都是對某種利益的追逐。想要在社會上獲得某種利益，必須保持一種相對穩定的利益平衡關係；也就是不能讓一方一味地付出，而在其付出之前或付出之後必須使其有所得，這種獲得當然不限於物質上的，也包括精神上的、感情上的。這種辦事方法的守則是：先給對方甜頭嘗嘗，待對方高興了，再順勢把自己的目標說出來。因爲對方先得到了甜頭，不但心情好，還可能知恩圖報，很容易答應你的請求。

我們常說「吃人家嘴軟」，一旦接受了別人的好處，占了別人的便宜，再很難拒絕對方的請求了。中國人重人情，講面子，「滴水之恩必當湧泉相報」，聰明人運用這一手法，幾乎百試不爽呢！

利用此法辦事，有以下一些技巧：

- 給人恩惠時不要說得過於直接，挑得太明，以免令對方感到丟了面子，臉上無光；已經給別人幫過的忙，更不要四處張揚。

・給人恩惠不可一次過多，以免給對方造成還債負擔，甚至因為受之有恥，與你斷交。

・給人恩惠還要注意選擇對象。像狼一樣餵不飽的人，你幫他的忙，說不定還會被反咬一口。

拿人家的手短，吃人家的嘴軟

1. 人情是最經濟的投資

錢鍾書先生曾經有一度困居上海孤島寫《圍城》，這段時間他生活很窘迫。當時是他的夫人楊絳操持家務，正所謂「卷袖圍裙爲口忙」。那時他還不是非常有名，他的學術文稿沒人買，於是開始寫小說，創作小說的動機就多少摻進了掙錢養家的成分。他一天五百字的精工細作，絕對稱不上是商業性的寫作速度。就在這個時候，黃佐臨導演拍攝楊絳的四幕喜劇《稱心如意》和五幕喜劇《弄假成眞》，並及時支付了酬金，這就像一場及時雨，使得錢家度過了難關。時隔多年後，黃佐臨導演的女兒黃蜀芹之所以獨得錢鍾書信任，得到錢先生的許可拍攝電視連續劇《圍城》，是因爲她拿著老爸一封親筆信的緣故。

錢鍾書是一個有情有義之人，別人幫助過他，他一輩子都記得，黃佐臨四十多年前的義助，錢鍾書多年後湧泉相報。

俗話說：「在家靠父母，出門靠朋友。」多一個朋友就多一條路。要想人愛己，己須先愛人。如果你時時刻刻存有樂善好施、成人之美的心思，就能爲自己多儲存些人情的債權。黃佐臨導演在當時可能沒有想得那麼遠、那麼功利化，但多年後的事實卻給了他身爲好施之人一個不小的回報。

至於怎樣去結得人情，並無一定之規。

對於一個身處窘迫境地的窮人，一枚銅板的幫助就可能使他度過難關，或許還能奮發圖強做出一番事業，開創出屬於自己富有的天下。

對於一個放縱不羈的浪子，一次促膝交心的長談可能使他建立做人的尊嚴和自信，或許能夠在懸崖前勒馬之後馳騁於希望的原野，最終成爲一名威武的勇士。

即使只是對一個正直的行爲送去一縷可信的眼神或者伸出自己的雙手，都會是極大的支援，這一眼神無形中可能就是正義強大的動力。對一種新穎的見解報以一陣熱烈的掌聲，這一掌聲無意中可能就是對革新思想的巨大支援。

就算是幫一個陌生人很小的忙，也可能使他突然感悟到善良的難得和眞情的可貴。說不定他下次看到有人遭到難處時，會很快從自己曾經被人幫助的記憶中汲取勇氣和仁慈，伸出自己的雙手。

2. 給人恩惠不要張揚

有一位同事給我們講他祖父的故事，對理解人情世故的微妙具有很好的啓示：

「當年我的祖父很窮，在一個大雪天裡，他去向村裡的首富借錢。恰好那天首富的興致很高，便爽快答應借給祖父兩塊大洋，還大方地對祖父說，儘管拿去吧，如果不方便的話不用還了！祖父接過錢，小心翼翼地包好，就匆匆往等著急用的家裡趕。那位首富對著他的背影又喊了一遍『不用還了』！

第二天大清早，那位首富打開自家院門，發現院內的積雪已被人掃過，連屋瓦也掃得乾乾淨淨。他十分不解，就讓人在村裡打聽，得知這件事原來是昨日來借錢的人做的。這件事情使首富明白了，白白給別人一份施捨，只能將人變成乞丐。於是他就讓祖父寫了一份借契，祖父因而流出了感激的淚水。

祖父用給那位首富掃雪的行動來維護自己的尊嚴，而首富向他討債也成全了他的尊嚴。在祖父看來，雖然自己比較窮，但是不能白白拿別人的東西。首富後來讓祖父寫了一份借契，把施捨變成了借貸，高低立見，效果大大的不同。」

你我周圍經常有這樣的人，一旦幫了別人的忙就覺得自己有恩於人，於是心懷優越感，從而高高在上。這種態度是很危險的，常常會引發反效果，也就是幫了別人的忙，卻沒有增加自己人情賬戶的收入，正是因爲這種驕傲的態度，把這筆賬抵消了。幫助別人常常是出於同情，而同情本身就帶有居高臨下的姿態，因此，幫助別人有時候並不是很簡單，過於張揚的顯示自己的成就往往會傷害對方的心。

3. 不口渴就不要送水

只有在別人口渴的時候送給別人水喝，才能解別人的口渴之急；只有在別人最需要幫助的時候，你的幫助才顯得非常珍貴。

每個人的內心都有一些需求，其中有緊迫的，有不重要的，如果我們在急需的時候遇到別人的幫助，內心會感激不盡，甚至還會終生不忘。你在一個人瀕臨餓死時送一根蘿蔔給他，和在他富貴時送一座金山，他的內心感受一定是完全不同的。有某種愛好的人一旦遇到和自己興趣投合的人就會興奮不已，認爲這是人生的一大快樂。如果兩個人脾氣相投，就能交上朋友。所以要說人情，便應洞察此中三昧。

有時候蘿蔔比金山要昂貴

三國爭霸之前，周瑜其實並不得志。他曾經在袁術部下爲官，被袁術任用當過一個小小的居巢長，相當於一個小縣的縣令罷了。那時候地方上突然發生了饑荒，人民收成不好，加上戰火紛飛，糧食問題就日漸嚴峻起來。居巢的百姓沒有糧食吃了，開始吃樹皮、吃草根，活活餓死了不少人，軍隊也餓得失去戰鬥力。身爲父母官的周瑜，急得心慌意亂不知如何是好。

有人給他獻計說，附近有個樂善好施的財主叫魯肅，他家裡素來富裕，想必是囤積了不少的糧食，不如去問他借糧。周瑜於是就帶人馬登門拜訪魯肅，兩人剛剛寒暄完之後，周瑜就直接對魯肅說：「不瞞老兄您說，小弟此次造訪，是想借點糧食。」魯肅一看周瑜豐神俊朗，顯而易見是個人才，想來日後必成大器，他根本不在乎周瑜當時只是一個小小的居巢長，就哈哈大笑說：「此乃區區小事，我答應就是。」

後來魯肅親自帶周瑜去查看自家糧倉，那時魯家存有兩大倉糧食，各有三千石，魯肅痛快地說：「也別提什麼借不借的，我把其中一大倉送與你好了。」周瑜和他的手下一聽魯肅如此慷慨大方，都愣住了，要知道，在饑饉之年，糧食就是生命啊！周瑜被魯肅深深感動，兩人當時就交上朋友。後來周瑜飛黃騰達，自己當上將軍，他仍然牢記著魯肅的恩德，將他推薦給孫權，魯肅終於得到了成功的好機會。

對身處困境中的人僅僅給予同情之心是遠遠不夠的，還應該給以具體的幫助，使其能夠度過難關，這種雪中送炭、分憂解難的行為最易引起對方的感激之情，進而形成友情。比如，一個農民做生意賠了本，他向幾位朋友借錢，都遭到回絕。後來一位平時交往不多的鄉民伸出求援之手，毫不猶豫地借錢給他，使他度過了難關，他從內心裡十分感激。後來他發達了，依然不忘這一借錢的交情，常常給對方特別的關照。

使用這種方法，有幾點技巧：

・人在飲足井水後，往往會離井而去，所以你應該適度地控制自己的恩惠，讓他總是有點渴想要喝水，使其對你產生一定的依賴感。一旦他對你失去了依賴之心，或許就不會再對你必恭必敬了。

·身為老闆，你刺激下屬享受的欲望，同時又不去全部滿足，而是一次一點，以使其保持幹勁，繼續為你賣命。

·不要對別人的恩情過重，這樣會使對方自卑乃至討厭你，因為他一方面無法報答你，另一方面會感到自己有些低能。

死纏硬磨，大巧若拙

你求別人辦事，別人明明能辦，但總是找各種各樣的藉口和理由來推託，這時候需要採取死纏硬磨法，賴在對方的地盤，友好的堅持，不答應就不撤退，不達目的不罷休，辦不成事情不回頭，搞得對方急不得也怒不得，最後只好答應。

死纏硬磨法的特色就是以消極的形式爭取積極的效果，用決心和毅力，消耗對方的時間和精力，給對方施加壓力，用自己堅強的態度、信念和感情達到影響對方和改變對方的目的。

這種方法有以下幾種具體的小技巧。

1. 死纏不放

只要你有心去做，鍥而不捨，堅持不懈，就像愚公移山一樣，相信你就是一位戰無不勝的辦事高手了。

有位香港女作家，在濃濃的浪漫情調中與大陸某男士結成情緣。她曾經宣稱那位男士是追她的男朋友中條件最差的，但她爲什麼偏偏選中了這一位呢？

事情的起源要追溯到幾年前，那是她第一次赴上海，洽談小說授權給上海某家出版社出書。一次晚宴上，女作家和某男士相遇，男士深爲女作家的人生體驗所感動，晚宴後就告訴她一句驚人之語——我可以追求妳嗎？

她當時未予理會，只當成是一句玩笑話。不料男士眞的開始展開猛烈追擊。每天從早開始，他帶了好多朋友，一起在她下榻的酒店「站崗」。

對於男士此舉，女作家感覺如遇「恐怖分子」，不敢踏出飯店一步。而緊盯不放的男士便不斷以電話「騷擾」女作家，並告知她「如果再不露面，便要通知妳的所有朋友，告訴他們我要追妳」。

被逼得無路可跑的女作家急中生智說：「你請我喝咖啡，我們好好聊聊。」她知道大陸人收入極低，索性一口氣喝了五、六杯咖啡，準備使追求者「破產」。結果他也跟著叫了五、六杯咖啡，結賬時不但沒有囊中羞澀，反而給了服務員一筆數目不小的小費，讓對方知難而退的計謀沒有得逞。

最激烈的是，她在上海的最後一夜，鼓足勇氣的那位男士，竟在大庭廣衆面前猛烈親吻女作家。霎時花容失色的女作家久久不能言語，隨後激動得幾乎落淚說：「你怎麼可以這樣。」

當她離開上海，那男士更是一路窮追猛打。赴西安，追蹤到西安；抵達臺北，越洋電話不知打了多少遍。至此，女作家說：「只要我存在地球上一天，似乎都無法逃出他的手掌心。」她只好投降，宣告結婚。

2. 「磨」字訣

「人心都是肉做的」，不管雙方的距離有多大，只要你善於用行動證明你的誠意，就會促使對方理解你的苦心，從固執的框框裡跳出來，那時你就「磨」出希望了。某保險公司業務員楊輝到鄉下開展保險業務，因群衆對保險性質不瞭解，怕吃虧，不願參加，其中村長最爲固執。楊輝決心攻下這座堡壘，他天天跑幾十里去向他們宣傳、動員，村長怕見他，就躲著。一次聽說村長到幾十里外的鄰縣親戚家幫助蓋房，他騎車追了去，車子一放，袖子一挽就幹活。幹完活還和村長「磨」。

爲了找一個長談的時機，楊輝乾脆天不亮就起床，冒雨趕到村裡，在村長家門外一站兩個鐘頭，村長起床開門愣住了，見楊輝淋得像落湯雞，便一把將他拉進屋裡說：「小楊，你就別『磨』了，我們加入還不成嗎？你這種精神，就是『上帝』也得舉手投降！」

村長這個堡壘一攻破，生意局面就打開了。「磨」是一種高明的做事方法，當你處於不利地位的時候，「磨」常常會產生生意想不到的效果。

「磨」字訣最應該注意的有兩點：一要堅持，磨的過程對於自己和對方都是一個考驗，面對對方的冷漠或者駁斥，要有很好的克制力，不能動怒或中途放棄；二是要掌握技巧，所謂的「磨」不是一味的死皮賴臉，不是一味的哀求，要有一定的巧妙和小小的策略，才能達到自己的目的，不然很可能會招致對方的強烈反感。

3. 尋求諒解

有的事情只靠「磨」和死纏不放是難以達到目的的，很多時候，一件事情沒有辦好，並不是因爲對方不願意或者不能辦好，而是時間和精力上的侷限，或者說是有一定的難處。如遇這種情形，嘴巴上的功夫就顯得十分重要了。

4. 重複說明

同樣的意思，反覆申明、反覆渲染、反覆強調，不達目的誓不罷休。面對頑固的對手，這是一種有力的武器。

宋朝的趙普做過太祖、太宗兩朝皇帝的宰相，他是個性格堅韌的人。輔佐朝政時，自己認定的事情，就是與皇帝意見相悖，也敢於反覆堅持。有一次趙普向太祖推薦一位官吏，太祖沒有允諾。趙普沒有灰心，第二天臨朝又向太祖提出這項人事任命，請太祖裁定，太祖還是沒有答應。趙普仍不死心，第三天又提出來。

連續三天接連三次反覆地提，同僚也都吃驚，趙普何以臉皮這樣厚。太祖這次動了氣，將奏摺當場撕碎扔在地上。

但趙普自有他的做法，他默默將那些撕碎的紙片拾起，回家後再仔細粘好。第四天上朝，話也不說，將粘好的奏摺舉過頭頂立在太祖面前不動，太祖長歎一聲，只好准奏。

運用這種說服法，需有堅韌的性格才行，內堅外韌，對一度的失敗絕不灰心，找機會反覆盯上門去。

需要注意的是，運用此法要有分寸，超過限度，傷害了對方的感情，反而會得到反效果。所以要謹愼處理，以不過度爲限。

重複說明是一種常用的手段，但是一定要掌握好火候，如果對方已經意識到事情的重要性，可能要去行動了，這個時候你就應該停下來，不然會適得其反。

旁敲側擊，驚雷無聲

與人來往，既要善於聽弦外之音，又要學會傳達言外之意，這是最奧妙的人際關係操縱術。凡老於世故之人都擅長一語雙關，話裡有話，不必多言直語，就能讓你心裡明明白白。「高明」的小人擅長於含沙射影，指桑罵槐，用話中之刺讓你如坐針氈。且不管說話之人是否故意隱藏玄機，聽話之人都必須明白他的眞實意圖，方能應對自如。如果腦子不清，耳朵不靈，就會碰到釘子。話裡有話、旁敲側擊是聰明人擅長的「遊戲」，必須腦子靈光，否則煞風景自不必說，落笑柄是常有的事。話裡有話、旁敲側擊實質上是一種迂迴戰略，同時也有隱含之術，這比迂迴更主動、更微妙，屬於「妙接飛鏢又暗中回擲」之出神入化的人際交往策略，也是機智聰明者方能自由駕馭的玄妙功夫。

旁敲側擊法有以下幾種技巧。

1. 側面敲擊

不從正面說，而是繞著彎說，從側面委婉地點撥對方，使對方明白你的想法，從而打消對方不適當的念頭。這一技巧通常是藉助問句的形式表達。例如，小李與小王是一對好朋友，彼此都視對方爲知己。有一次，同單位的小周對小李說：「小李，我總覺得小王這小子爲人有點太認眞了，簡直到了頑固的地步，你說是不是？」小李一聽小周的話頓生反感，心想，你這小子在背地裡貶損我的好朋友缺德不缺德？但他又不好發作，於是假裝一本正經地說：「小周，我先問你，我在背後和你議論我的好朋友，他要是知道了會不會和我反目爲仇？」小周一聽這話，臉「唰」地一紅，不吭聲了。這裡，小李就使用了委婉點撥的技巧，面對小周的發問，他沒有直接回答「是」還是「不是」，而是話題一轉，給對方出了個難題，而這個難題又正好能起到點撥對方的作用，既暗示了「小王是我的好朋友，我是不會和你合夥議論他的」，又隱含了對小周背後議論、貶損小王的不滿。同時，由於這種點撥委婉含蓄，也不致讓對方太難堪。

2. 託人開導，簡介表達

要想辦好事或儘快辦好事，最好針對關鍵人物下功夫，如能突破關鍵人物這道關卡，求得關鍵人物的認同和協助，問題往往很容易得到解決。但是有時候，關鍵人物並不好找，這時不妨可以找關鍵人物身邊的人試試看。想要在解決問題的過程中穩操勝算，除了著眼於主管、上司等人外，還應該爭取足以影響主管上司的有力人物同情、支援和幫助。例如，透過當事人或上級主管的親友，來說服當事人，成功的可能性會大得多。這種方法在中國尤其實用，因爲中國人非常講究人情，很多親友都是一個走得很近的圈子，如果能夠找到關鍵人物周圍的人，也能夠漸漸找到事情的要害，一舉中的。

3. 透過對方配偶施加影響力

女人往往在私下對男人施加影響力，左右男人的情緒和處事態度，有許多老謀深算者深諳此道，所以辦事時，往往利用對方身邊的女性來達到目的。這在中國歷史上，可以說是屢見不鮮。古代很多皇帝要殺掉某個人，手下的大臣求情都無濟於事，但是只要皇帝寵愛的妃子在皇帝耳邊吹吹風，就能夠收到意想不到的效果。唐玄宗非常寵愛楊貴妃，所以當時很多人都拼命巴結楊貴妃的哥哥楊國忠，這樣就能透過楊貴妃在皇帝面前的影響力來鞏固自己的地位。慈禧太后身邊的太監李連英也只是一個給老佛爺洗臉梳頭、伺候生活的闔人，就是因爲能夠在慈禧身邊有一定影響力，所以朝野上下對李公公也是必恭必敬，不敢有半點怠慢。

4. 利用孩子拉近與對方的關係

對孩子獻殷勤，也可以達到辦事的目的。常言道：「想討母親的歡心，莫過於讚美她的孩子。」天下父母對自己的孩子都是非常疼愛的，討好對方的孩子常常能夠收到很好的效果。中國大陸報紙上有這樣一則消息：一位領導在過春節期間到處走親訪友，帶著自己的小孫子，一天下來竟然賺了十二萬人民幣。聽起來非常誇張，仔細一想，其實是能夠理解的，給錢的人出手大方，何嘗不知道小孩子哪裡能花那麼多錢，只是這錢是給領導看的，給得越多越大方，給得越多領導越是高興。因此，一些聰明人常常利用孩子充當與對方溝通的媒介，而使原本看似希望渺茫的事，經過孩子的起承轉合，反倒迎刃而解。

5. 拉近關係，成為熟人

託人辦事，也不能總是只在熟人之間進行，有時不得不與陌生人交涉。因此想要迅速打開彼此的僵局，不妨套關係，讓對方喜歡你、接受你，這樣一切都會很好說的。比如在第一次見面以後，儘快打電話經常聯繫，過年過節打電話拜個年、問問好，有時間在一起吃飯聊天，和對方進行溝通。只有和對方多多接觸，才能夠讓對方在感情上接受你。心理學研究表明，每一個人對陌生人都有防衛心理，只是隨著兩人的熟悉程度慢慢消失。和對方的熟悉程度提高，慢慢變成了熟人，事情就很好辦了。

6. 類似警告法

用相類似的事件作比，常常可以委婉地給對方建議，或者向對方表達自己的意思。例如，甲公司的經理在一次業務談判中，受到乙公司工作人員的頂撞。他便氣沖沖地給乙公司的經理打電話說：「如果你們不撤除那個蠻橫無禮的工作人員職務，就是沒有和我公司達成協定的誠意。」乙公司的經理微笑著說：「經理先生，對於那位工作人員的態度問題，是進行再教育還是撤職處理，這完全是我們公司的內部事務，我們無需向貴公司作什麼保證。這就如同我們並不要求你們的董事會一定要撤換與我公司工作人員有過衝突的經理，才算是你們具有與我們達成協定的誠意。」甲公司的經理頓時啞口無言。

在這裡，乙公司的經理使用了類似警告的技巧，使對方再也難以開口。雖然說甲乙兩公司有很多不同之處，但有一點卻是相似的，那就是甲乙兩公司對工作人員或經理的處分完全是各公司內部的事務，與對方有沒有誠意無關。乙公司的經理就是抓住了這一相似點作對比，從而敬告對方所提的要求是過分和無理的，隱隱約約表達了對經理態度蠻橫的不滿。這裡需要說明的是：雖然這種技巧表達不滿的語氣比較明顯，但它畢竟不像「直言相告」那樣帶有警告的成分，所以稱之為類似警告。

7. 幽默提示法

幽默不僅僅是說話的藝術，有時候可以成為人際關係的潤滑劑，有時利用幽默表達對對方的不滿之情，也不失為一種很好的方法。有這樣一則小幽默。在一家飯店，一位喜歡挑剔的女士點了一份煎雞蛋。她對女侍者要求說：「蛋白要全熟，蛋黃要全生，還必須能流動。不要用太多的油去煎，鹽要少放，加點胡椒。還有，一定要是鄉下快活的母雞生的新鮮蛋。」

「請問一下」，女侍者溫柔對女士說，「那隻母雞的名字叫阿珍，可合您的心意？」

在這則小幽默中，女侍者就是使用幽默提示的技巧，面對愛挑剔的女顧客，女侍者沒有直接表達對對方所提苛刻要求的不滿，卻按照對方的思路，提出一個更爲荒唐可笑的問題提醒那位女士——您的要求太過分了，我們無法滿足，間接幽默地表達了對這位女顧客的不滿。那位女士自然會明白對方的意思。

有時候，對懷有惡意之人，沒必要拼命對抗不可，打動草叢驚走這條蛇就可以自衛，算是達到目的了。置人於死地之事最好不做，做一個可方可圓之人，方能立足於世，這其中，幽默是一種很好的技巧。

三寸之舌，勝過三軍

美國內戰時期，眼見憤怒的人群馬上就要舉行大規模暴動，林肯做了一場臨時演講，很快就平息了這場騷動，由此可見，巧妙說服的重要性。有人說，恰到好處的勸導有時候勝過千軍萬馬，有效的說服，能趕走人們心間的愁雲，排除思想上的煩惱，減輕精神上的痛苦；能使迷茫者幡然醒悟，改弦更張；讓宿敵消除怨恨，握手言和；叫浪子迷途知返，改邪歸正；讓固執者心中開竅，順乎常理。恰到好處地勸導說服可以辦成許多事情。總而言之，勸導說服具有激勵、引導、安慰、釋疑和告誡等多種功能，是人們常用的手段。

想要做好一件事情，不僅僅要做得好，說得好也很重要，因爲做要靠說來引導和組織，巧妙的語言和有效的溝通是一門藝術，這門藝術最有效的表現方式有以下三要訣。

以退求進

以退爲進的說服方法在經濟談判中運用得較多，雙方談判如同兵戰，能否靈活、嫻熟地運用「以退為進」的戰術，直接關係到談判的成敗。

美國一家大航空公司要在紐約建立一座航空站，想要求愛迪生電力公司以低價優惠供應電力，但遭到婉言謝絕。該公司推託說是公共服務委員會不批准，他們愛莫能助，因此談判陷入僵局。航空公司知道愛迪生公司自以為客戶多，電力供不應求，對航空公司這一新客戶興趣不大。其實公共服務委員會並不完全左右電力公司的業務往來，說公共服務委員會不同意低價優惠供應航空公司電力，那只是托詞。航空公司意識到，再談下去也不會有什麼結果，於是索性不談了，同時放出風聲，聲稱自己建發電廠更划得來。電力公司聽到這則消息，立刻改變了態度，主動請求公共服務委員會出面，從中說情，表示願意給予這個新客戶優惠價格。結果，不僅航空公司以優惠價格與電力公司達成協定，而且從此以後，大量用電的新客戶都享受到相同的優惠價格。

在這次談判中，航空公司耍了一個花招，聲稱自己建廠，這就是「退」一步，並放出假消息，給電力公司施加壓力，迫使電力公司壓價供電。航空公司先退一步，後進兩步，贏得談判的勝利。

勸導說服，如行兵法

1. 正話反說，反其道而行之

反其道而行之是一種說服別人達到辦事目的的技巧之一，其特點就是被勸者原以爲對方會怎麼說，但實際上卻正好相反，讓聽者自己去領悟，從而接受你的勸說，按照你的意圖辦事。

有一次，楚莊王十分喜愛的一匹馬吃得太肥而死了。莊王命令全體大臣致哀，要用棺槨裝殮，還要用大夫禮節隆重舉行葬禮。文武百官紛紛勸他別這樣做，楚王十分反感，下令說：「誰敢爲葬馬的事來勸說我，格殺勿論！」衆大臣都驚懼得不敢說話了。

優孟聽到這事，嚎啕大哭進入王宮。楚王問他爲什麼哭。優孟回答說：「我是爲葬馬的事情哭呢！那匹死去的馬，是大王最心愛的。像楚國這樣一個堂堂大國，卻只以大夫的葬禮來辦喪事，實在太輕慢了，一定要用國王的葬禮才像樣呢！依我看來，要拿白玉做棺材，用紅木做外蓋，調集一大批士兵爲其挖墳，發動全城男女來挑土。出喪時，要齊國、趙國的使節在前面陪送，鳴鑼開道，讓韓國、魏國的使節在後面護衛。還要建造一座祠廟，放上牌位，追封牠爲萬戶侯。」優孟稱讚、禮頌楚莊王「貴馬」精神的後面烘托出勸諫的眞意——諷刺楚王「賤人貴馬」的昏庸舉動，促使楚王改變自己的決定。

2. 聲東擊西

對於固執己見或執迷不悟者，最好的說服辦法是有理反面說，明是說「東」，其暗示的卻是「西」，讓人從中領悟到你的用意，從而接受你的意見。例如，齊景公很喜歡打獵，讓人養了很多老鷹和獵犬。有一次，負責養老鷹的燭鄒不小心讓一隻老鷹逃跑了。齊景公大怒，要把燭鄒殺掉。晏子（晏嬰）聽說後連忙說：「燭鄒有三條大罪，不能輕饒了他。讓我先數說他的罪狀再殺吧！」景公點頭稱是。

晏子就當著齊景公的面，指著燭鄒，扳著手指數說道：「燭鄒，你替大王養鳥，卻讓鳥逃了，這是第一條大罪；你使大王爲了一隻鳥的緣故而要殺人，這是第二條大罪；殺了你，讓天下諸侯都知道我們大王重鳥輕士，這是你的第三條大罪，不殺不行！大王，我說完了，請殺死他吧！」齊景公聽著聽著，聽出了話中的味兒。停了半晌，才慢吞吞地說：「不要殺了，我已聽懂你的話了。」

晏子列舉的三大罪狀，實際上是說給齊景公聽的，暗示如果因此殺死燭鄒會給齊國帶來不好的影響，人人都能聽明白，齊景公自然也不例外。

有時無聲勝有聲

在特定的環境中，緘默常常比論理更有說服力。我們說服人時，最頭痛的就是對方一言不發，什麼也不說。

不同的緘默方式有不同的作用，運用時必須恰到好處。

咄咄逼人的緘默能使人不攻自破。有一個小學生拿了同學的玩具，晚飯前回來，裝出一副若無其事的樣子，同往常一樣笑吟吟地說：

「媽，我回來了！」媽媽緘默。「姐，我餓了。」姐姐緘默。「怎麼了？」媽媽和姐姐還是緘默。「我沒做錯事啊！」她們仍是緘默。媽媽眼睛瞪著他，姐姐背對著他，全家都冷冰冰地對待他。他終於不攻自破了：「媽、姐，我錯了……」

平平淡淡的緘默能發人深思。有些人態度很積極，但發表意見時不免有些偏頗，直截了當地駁回，又易挫傷其自尊，循循誘導又費時，精力也不允許，最好的辦法便是平平淡淡地緘默。他說什麼，你儘管聽，「嗯」、「啊」……什麼也不說，等他說夠了，告辭了，再用適當的、不帶任何觀點的中性話語和他告別：「好吧！」或「你再想想。」別的什麼也不說。如此，他回去後定要竭思盡慮：「今天談得對不對？對方爲什麼不表態？錯在哪裡？」也許他會向別人請教，或許自己悟出道理。

迂迴行事，巧出奇兵

遠行的人，如果前面有高山擋路，路上有石頭絆腳，自然會想出各種辦法繞過去，或者動動腦筋另闢蹊徑。這種做法是比較聰明的，也就是繞著圈子最終達到目標，換個說法就是「不走直線走曲線」。

我們說話辦事的時候，有些話不能直說，於是就要拐彎抹角地去說；在我們來往的範圍裡，有些路不容易走，就需要逢山開道，遇水搭橋；如果你實在搞不清對方的葫蘆裡賣的什麼藥，就要拐彎抹角去摸清對方的底細；有的時候，爲了使對方減輕敵意，放鬆警惕，我們甚至可以繞彎和兜圈子，也可以用「顧左右而言他」的迂迴戰術。

也就是隱藏自己的眞實目的，以虛掩實，讓對方無從察覺。表面上好像自己沒有企圖，放鬆對方的戒備和顧慮。很多人都是「直腸子」、「一根筋」，做人做事常常十頭牛也拉不回來。這種人最應該學點迂迴戰術，讓自己的大腦裡面多幾個溝迴，使自己的腸子多幾個彎。

有時曲徑能夠通幽

1. 委婉求助

當你需要別人去做一些較小的事情，不妨先給他一點小小的好處；當你要讓別人做一件重大的事情，你最好給他一個強烈的動機，使對方對這件事有著求成功的強烈欲望。當他的自尊心被激起來之後，他會被渴望成功的期望影響，自然很樂意達到你的要求。雖然你沒有直接說出自己的要求，有時候甚至不用你自己說什麼，對方也明白你是有求於他。俗話說「無功不受祿」，你所做的一切對方會心知肚明，在適當的時候幫助你。

除了用小小的好處來尋求對方的幫助，還可以用暗示的方式。你想要別人幫助自己，有時候直接說出來還不如用暗示的方式，比如，在適當的時候，在對方面前說出自己的苦衷，測試對方的態度。如果對方的眼神裡流露出同情和憐憫，你可以適當的更進一步。如果對方對你說的話根本就沒有興趣，你最好適可而止。

2. 暗渡陳倉，防不勝防

暗渡陳倉的要點所在，是將自己的目的和意圖深藏起來，使對方無法發現而失之大意；或者用假幌子使對方無從辨認，信以爲眞。然後，我們便有了條件和時機，從容完成原定計劃。

暗渡陳倉就像是蒙住對方的眼睛，或攪亂、誤導其視線。主要的辦法有：

・魚目混珠：將假靶子樹得一本正經，讓敵人信以為真，爾後我方聲東擊西。

・障眼法：做很多動作讓敵方難分真假，疲於猜疑與應付，或者熟視無睹而放鬆警惕。

東漢末年，黃巾軍揭竿而起，起義隊伍日益壯大。北海太守孔融被圍困在都昌城中，黃巾軍的圍攻越來越緊，孔融只好讓太史慈帶兵突圍，去請皇叔劉備前來援助。黃巾軍把城圍得如鐵桶一般，怎樣才能衝出去呢？太史慈想了一個計策。他騎馬持弓出了城，後邊還有幾個人拿著箭靶跟著。外面圍城的黃巾軍馬上嚴陣以待，準備廝殺。太史慈卻到城下的塹壕內，支好箭靶，往來馳射。射了一會兒，便回城去了。過了幾天，太史慈又出城射箭，圍城的人大都不以爲意，只有少數人還站著觀看。這樣十來天過去了，圍城的人也都習以爲常，他們躺在地上，一動也不動。又一天早上，太史慈照例出城射箭，突然躍馬揚鞭，衝出重圍。等黃巾軍想追趕時，已來不及了。不幾天，太史慈搬來救兵，解了困城之危。

做一些表面看來毫無意義甚至愚蠢的事情，可以麻痹敵人，分散敵人的注意力，然後趁機行動。這種蒙蔽方法著眼於擾亂對手視線，就好像是虛晃一槍。太史慈正是此中高手。

3. 借人吉言，借花獻佛

託人辦事透過第三者來傳達自己的心願，是常有的事。尤其是在現代社會中，自己的社會關係是十分重要的，有一個關係就多一條路，所以善於利用關係的人處於優勢地位，這其中，託人辦事是最爲重要的手段和最爲豐富的資源。任何人都不可能在所有領域都非常的熟練，不可能認識所有的人，但是如果透過中間人來辦事，你的社會關係網就會不斷擴大，辦事效率也會不斷提高。

請第三者提供情報也是很重要的技巧，尤其是與重要對象的初次會面，所以應該盡可能多方收集對方的資料。但是，對於第三者提供的情報，還是要根據自己的需要有所取捨，配合自己的臨場觀察靈活引用。同時，還必須確實弄清楚這位第三者與被託付者之間的關係。這是非常重要的，否則，說不定會適得其反呢！

急中生智，化解危難

在為人處事中有很多偶然的因素，這些因素含有很多變數，常常是難以預測的，這種情況下，需要急中生智化解難題。這些看似非常小的細節，卻包含著很多智慧。這些智慧的火花閃耀在各個角落，幽默的表達方式是其中最為常用且最有效的。總結起來有以下幾種。

1. 妙答怪問

一次，乾隆皇帝突然問劉墉一個怪問題：「京城共有多少人？」劉墉雖猝不及防卻非常冷靜，立刻回了一句：「只有兩人。」乾隆問：「此話何意？」劉墉答曰：「人再多，其實只有男女兩種，豈不是只有兩人？」乾隆又問：「今年京城裡有幾人出生？有幾人去世？」劉墉回答：「只有一人出生，卻有十二人去世。」乾隆問：「此話怎講？」劉墉妙答曰：「今年出生的人再多，也都是一個生肖，豈不是只出世一人？今年去世的人則十二種生肖皆有，豈不是死去十二人？」乾隆聽了大笑，深以爲然。

確實，這劉墉的回答極妙——皇上發問，不回答顯然不妥；答吧，心中無數又不能亂說，這才急中生智，轉眼間 妙答趣對皇上。

在千變萬化的生活中，什麼樣的怪問都可能碰到，而對付這些怪問的最佳方案，就是利用語言的多義性做出迅速靈巧的變通，切不可被原問困死而陷於被動，這種靈活的變通也將會使你走出困境，走向成功。

2. 以虛對實

碰到別人實實在在的話語，不給他有關問題的對口資訊，將話題轉向與問題沒有直接關連的其他事情上，暫時中斷對方原來的意念，必然引起對方去深思兩個看似不相關的問題，品味其中的不協調，在意會裡品味幽默。

妻子對丈夫說：「你經常說夢話，還是去醫院檢查一下吧！」丈夫笑著說：「還是不用吧，要是治好了這病，我就沒有一點說話的機會了。」妻子本是從關心丈夫的角度出發，實實在在勸丈夫看醫生，而丈夫裝作不懂，把話題引到妻子話多的問題上。說夢話是生理疾病，話多是心理習慣，丈夫以虛對實的幽默表達他淡淡的抱怨，妻子能在幽默裡領悟丈夫的意有所指，幽默讓生活充滿情趣。

3. 順水推舟

西漢初劉邦順水推舟封韓信的故事也是一個絕妙的例子。韓信攻佔了齊地，欲自封「假齊王」，派使者呈報劉邦。劉邦怒形於色，使者面色大變。這時身邊的謀臣勸劉邦要好好利用韓信。劉邦腦袋一轉，佯裝繼續發怒道：「大丈夫攻城略地，就應稱王，怎麼要立假王？馬上封韓信爲齊王！」話鋒一轉，事情便發生了完全的變化。

激將一出，扭轉乾坤

人生活在社會上，處在各種複雜的關係中，如何看待其中的問題完全是由個人的是非判斷和情感好惡來決定的。因此，只要你事先瞭解對方的情感好惡和是非標準，你就能投其所好，或投其所惡，機動靈活地激發對方產生某種情感和心理，然後促使他做出有利於你的決策。這種辦事方法就是許多人常用的激將法。

激將法主要是透過一些隱藏的手段，使對方進入一種激動狀態（如憤怒、羞恥、不服、高興），導致自己的情緒失控，表面上看起來是自己的行爲，但其實是受到了操縱，去做你想讓他做的事。人是感情的動物，所以如果你能夠想方設法激發對方感情的力量，就能鼓舞其熱情和幹勁。

經常使用的激將術有以下幾種：

・有意貶低對方，挑起對方的好勝之心。
・故意吹鬍子瞪眼睛敲桌子點鼻子，惹對方發怒。

・裝作冷冷冰冰，或佯裝不信，促使對方吐露真言。對壘之中，一看你的忍功耐心，比較誰更冷靜；二看誰演戲演得更加天衣無縫，使對方察覺不到自己的真實意圖。

實際上，激將法是一種心理戰，讓人在某種情緒衝動下做出某種舉措。

利用別人的情緒控制別人的意志

1. 觸到對方的傷處

所謂「激將法」的「激」，就是要從道義的角度和對方感情接受的限度去激怒對方，讓對方有所行動。

有個孩子要求母親給他買一條牛仔褲，怕遭到母親拒絕，因爲他已經有一條牛仔褲。於是這個孩子採用了一種非常獨特的方式，他沒有像其他孩子那樣苦苦哀求或撒嬌耍賴，而是一本正經地對母親說：「媽，妳有沒有看過一個孩子只有一條牛仔褲？」

這樣頗爲天眞而又略帶計謀的問話，一下子就打動了母親。事後，這位母親談起這件事，說到了當時自己的感受：「兒子的話讓我覺得如果不答應他的要求，簡直就是有點對不起他了，哪怕在自己身上少花點錢，也不能太委屈了孩子啊！」

這樣一個未成年的孩子，一句話就能說服母親，滿足了自己的需要。在他說這句話的時候，惟一目的就是要打動自己的母親，並沒有想到該用什麼樣的方法。他是在無意中使用了激將法，取得了很好的效果。

這個孩子的激將法是比較溫和的，激將法有時候越是激烈，越是能達到好的效果；越是讓對方不服氣，越是能達到自己的目標。有時候透過故意貶低對方，讓對方覺得你看不起他，說他不行，藉以激起對方求勝的欲望，也能使其超水準發揮自己的能力，從而達到我們的目的。

諸葛亮是一位神機妙算的人物，他的很多計謀可謂出神入化，激將法也是他經常使用的計謀。《三國演義》第六十五回中，馬超率兵攻打葭萌關之時，諸葛亮對劉備說道：「只有張飛、趙雲二位將軍，方可對敵馬超。」劉備說：「子龍領兵在外回不來，翼德就在這裡，可以急速派遣他去迎戰。」諸葛亮道：「主公別急，讓我來激激他。」這時，張飛早就聽說馬超前來攻關，主動要求出戰，諸葛亮卻佯裝沒有聽見他說話，轉而對劉備說：「馬超智勇雙全，無人可敵，除非往荊州喚雲長來，方能對敵。」張飛不悅，說：

「軍師爲什麼小瞧我！我曾單獨抗拒曹操百萬大軍，難道還怕馬超這個匹夫！」

諸葛亮說：「你在當陽拒水斷橋，是因爲曹操不知道虛實，若知虛實，你怎能安然無事？馬超英勇無比，天下的人都知道，他渭橋六戰，把曹操殺得割鬚棄袍，差一點喪了命，絕非等閒之輩，就是雲長來也未必戰勝他。」張飛生氣了，說：「我今天就去，如戰勝不了馬超，甘當軍令！」諸葛亮這時便順水推舟地說：「既然你願意立下軍令狀，便可以爲先鋒！」

結果張飛與馬超在葭萌關下酣戰了一晝夜，鬥了二百二十多回合，雖然未分勝負，卻打掉了馬超的銳氣，後被諸葛亮施計說服而歸順劉備。諸葛亮針對張飛脾氣暴躁的特質，經常採用激將法來激發他的鬥志，促使張飛發揮很高的水準。每當遇到重要戰事的時候，就先說他擔當不了此任，或說怕他貪杯酒後誤事，激他立下軍令狀，增強他的責任感和緊迫感，激發他的鬥志和勇氣，掃除他的輕敵態度。

2. 利用「叛逆心理」

丈夫趁妻子周末回娘家的時候，邀請自己的幾個哥兒們在家吃喝玩樂，結果弄得杯盤狼藉，後來全都醉倒在床上了。妻子回來以後，見情形立即拿出了主婦的威風，大喊道：「都給我起來！」丈夫的幾個哥兒們前腳一走，這對夫妻之間的內戰就爆發了。兩人都是針鋒相對，寸土不讓，爭吵得十分激烈。終於丈夫怒不可遏，高高舉起自己一隻巴掌，正欲打下去，那妻子卻突然狂笑道：「好，好，沒想到你還眞是進入角色了……你打吧，這一巴掌打下去，你會後悔一輩子的！」此言一出，丈夫那高舉起的手戛然而止，一場沖天怒氣一時間化爲烏有了。

這種叛逆心理的應用可謂是一種好的激將法。有些人你如果禁止他去做，他偏偏禁不住去做，尤其是性格倔強的人更是如此。相反的，如果你放手不管，對方反而會起懷疑之心，結果就不去做了。懂得這個道理，你便會在很多場合操縱人心，易如反掌。

很多家長經常教育自己的孩子要「用功讀書」，但是孩子就是不想念書；學校一旦規定「未成年者不可以抽煙」，孩子便會偷偷抽抽看。這種情況並不只限於孩子，根據心理學家研究，人類一旦被人指示或命令，就會本能地產生反抗心理。

到東京狄斯奈樂園去，會發現園中沒有煙灰缸，問管理員：「此地禁煙嗎？」對方答覆：「不，不禁煙，吸煙也可以的，煙灰請直接往下丟就行了。」但是當你眼看周圍完全沒有煙蒂（大概是因爲清掃員不辭辛勞地把垃圾和煙蒂迅速清除了），就覺得不該在一塵不染的地面丟煙蒂了。在東京狄斯奈樂園，不知是否由於這種心理作用，吸煙的人較想像中少許多。雖然平日毫不在乎地亂丟煙蒂，一旦被人公開地說：「請丟！」卻反而不好意思了。

3. 利用對方的自尊心

明末年間，闖王李自成進北京，將吳三桂的愛妾陳圓圓給捉拿到大營。李自成目光一掃陳圓圓的芳容，不由得心中一動，暗自道：「果然是個天生尤物，難怪吳三桂要爲她拼命！」坐一旁的劉宗敏也被陳圓圓的姿色迷住了。這種「禍水」絕不能留。李自成對身邊的侍衛示意說：「把她拉出去，勒死！」陳圓圓不等到侍衛動手拖扯，自己站了起來，面對李自成，看他一眼，微微冷笑一聲，然後轉身就走。陳圓圓的這一看一笑，把李自成的心給勾住了。李自成大喝一聲：「回來，妳冷笑什麼？」陳圓圓聽到闖王喝聲，就又跪下，說：「小女子早聞大王威名，以爲是位縱橫天下、叱吒風雲的大英雄，想不到……」

「想不到什麼？」闖王問。「想不到大王卻會畏懼一個弱女子！」「我怎麼會畏懼妳？」

「大王，小女子也出自良家，墮入煙花，飽嘗風塵之苦，實屬身不由己。初被皇帝霸佔，後被吳總兵奪取，大王手下劉將軍又圍府將小女子搶來，皆非小女子本意。請問大王，小女子自身又有何罪過？大王仗劍起義，不是要解民於倒懸、救天下之無辜嗎？小女子乃無辜之人，大王卻要賜死，不是畏懼小女子又作何解釋呢？」

李自成被陳圓圓這一席話問住了，許久不能回答。他起手和聲道：「且起來說話。」陳圓圓緊接著又陳述了殺她與不殺她的利害得失：「現在，大王如果把我這小女子殺了，對大王毫無益處，卻必定激起吳總兵更強的復仇心，吳總兵定會日夜兼程，追襲不休；如若大王饒小女子一命，小女子必感念大王不殺之恩德，則保證讓吳總兵滯留京師，不再追襲大王……」

李自成被說服，沒有殺陳圓圓，且好生服侍她。最後，她又重歸吳三桂，那是後話。陳圓圓於生死關頭沒有向闖王討饒示弱，而且利用他的高傲，也以「冷笑」傲之，以一個「畏」字激之，使李自成收回「處死」的命令。

以利為餌，可釣大魚

俗話說得好，「天下攘攘，皆爲利往」，人們不管做什麼事都要有利益爲誘因，如果有利可圖，很多事情辦起來就比較容易，否則，眞是難如登天。託人辦事，如果讓對方從中有利益可得的話，這就成爲一種許諾，也是一種辦事的動力。

別人能不能答應你的要求，能不能全力幫助你把事情辦好，關鍵在什麼地方？關鍵在他心裡是怎麼想的。他的想法，決定了他是否願意幫助你。心理學家告訴我們，人們對一件事情的看法取決於外在情況和利益誘惑的結果。例如，對小李的問題感興趣或者想獲得小李的好感，就會說對小李比較有利的話，也會去做對小李有利的事，反之，他便態度冷陌。所以若想把事辦好，想要爭取對方的應允或幫忙，就應該先設法引起對方產生積極的興趣，或者讓對方感覺辦好這件事可以得到令他感興趣的利益。

很顯然，人們會對自己有興趣或認爲有滿意回報的事樂於投入感情，甚至投入資金。這種辦事的方法就叫做以利誘人法。利用此法必須讓對方感到自然愉悅，深信不疑，只有用利益把對方吸引住時，對方才肯爲你付出努力。

將欲取之，必先予之；愛出者愛返，福往者福來

人世間的事情，有了付出才有回報，沒有無回報的付出，也沒有無付出的回報。付出越多，得到的回報越大，只想別人給予自己，那麼「得到」的泉源終將枯竭。

春秋時期，齊國的國君荒淫無道，橫徵暴斂。齊國貴族田成子對他的僚屬說：「公室用這種榨取的手段，雖然得到不少財富，但這種取是『取之猶舍也』，倉儲雖實，但國有不固，終是『嫁衣』。」於是田成子製作了大、小兩種鬥，大開自己的倉儲接待饑民，用大鬥出借穀，用小鬥回收還來的穀米，予民於惠。於是齊國人民不肯再爲公室種田效力，而投奔於田成子門下，一時「民歸之如流水」。田成子用這種大鬥出小鬥進的方式，借出的是糧食，收進的卻是民心，貌似給予，實則得到。果然，齊國國君寶座最後爲田氏家族所得。

史學家範曄說：「天下皆知取之爲取，而不知與之爲取。」正是一語道破這種得失了。得與失互爲轉化之效果，有時也並不是馬上就可以見到的，但懂得其中奧妙的人，會

掌握取捨的主動權，讓它發揮出意想不到的效果。

戰國時，齊國的孟嘗君是一個以養士出名的相國。由於他待士十分眞誠，感動了一個具眞才實學而十分落魄的士人馮援。馮援在受到孟嘗君的禮遇後，決心爲他效力。一次，孟嘗君要叫人爲他到其封地薛邑去討債，問誰肯去？馮援說他願意去，但他不知用催討回來的錢買什麼東西？孟嘗君說，就買點我們家沒有的東西吧！馮援領命而去。到了薛邑後，他見到老百姓的生活十分窮困，聽說孟嘗君的使者來了，都憤憤有怨言。於是，他召集了邑中居民，對大家說：「孟嘗君知道大家生活困難，這次特意派我來告訴大家，以前的欠債一律作廢，利息也不用償還了。孟嘗君叫我把債券也帶來，今天當著大夥的面，我把它燒毀，從今以後，再不催還。」說著，馮援果眞點起一把火，把債券都燒完了。

薛邑的百姓沒有料到孟嘗君是如此仁義，個個感激涕零。馮援回來後，孟嘗君問他討的利錢呢？馮援回答說：不但利錢沒討回，借債的債券也燒了。孟嘗君便不大高興，馮援對他說：「您不是要我買家中沒有的東西回來嗎，我已經給您買回來了，這就是『義』。焚券市義，這對您收歸民心是大有好處的啊！」果然，數年後，孟嘗君被奸人所害，齊相不保，只好回到自己的封地薛邑。薛邑的百姓聽說恩公孟嘗君回來了，全城出動，夾道歡迎，表示堅決擁護他，跟著他走。孟嘗君至爲感動，這時才體會到馮援的「市義」苦心。這就叫「好與者，必多取」，小的損失可以換取大的利益。

以利誘人法在運用時有以下一些技巧。

1. 投其所好，以興趣誘之

利用某些新穎的東西，引起對方強烈的注意和好奇心，使對方情不自禁，窮追不捨地想弄個明白，如此，就可能被你牽著鼻子走了。據說，和紳就非常能討乾隆皇帝的歡心，總是能夠弄一些皇帝喜歡的東西讓皇上高興。當我們很謹愼地根據他人的經驗、興趣，而設法接近他人時，除了拿出「新穎」的東西之外，還得適當包含著對方熟悉的事物，如此不但能吸引對方的注意，還能獲得對方的信任。

2. 吊人胃口，總是有光明

吊人胃口，讓想要得到利益的人處在隱隱約約的希望之中。這樣，就能讓這個抱著希望的人死心塌地的爲你辦事。比如你是一個出版社的編輯，你幫別人出版他的書，過一陣子你說書已經通過審核了，讓對方十分高興；過一陣子，你又說馬上就要簽合約了，對方也是十分高興；過幾天你又說稿費很快發下來了，每一次消息你都能夠讓別人又看到光明的希望，總是能夠吊別人的胃口，讓別人聽你的。生活中有很多這樣的例子，只是你可能沒有仔細思考和整理。

3. 循序漸進，穩紮穩進

對人有所請託時，應由小到大，由淺及深，由輕至重，如果一開始就有太大的請求，一定會遭受對方斷然拒絕。路是一點一點走出來的，求人辦事也是一點一點慢慢完成的，這是一個累積的過程，也是符合人的心理接受習慣的。人很難在很短的時間內接受你較大的要求，只有逐漸深入，由淺入深才是比較正確的路徑。所以，一點一點吸引別人接受，一點一點引誘別人上鉤，是託人辦事的重要技巧。

無中生有，空降時機

人們辦事，總是有一定的目的，爲了達到目的需要採用一些手段，這些手段必需具備一些要素；如果不具備這類要素，我們可以等待，也可以培養，或是乾脆來個無中生有。

無中生有法的最大特點是在「無」中造成一個「有」，讓對方始終信以爲眞，然後就當成「有」來對待，當成「有」來解決和處理問題。

無中生有，本意指憑空捏造，栽贓陷害。無中生有的計謀在古代現代都是屢見不鮮，《水滸傳》中，地底下挖出刻有天子名字的怪石，把宋江推上首領寶座，這是「無中生有」在職場謀略的經典之作。「無」是迷惑對手的假像，「有」則是假像掩蓋下的眞實目的。

中國歷史著名的楚漢之爭就上演了一場無中生有的計謀，可謂石破天驚。戰無不勝的項羽由於驕傲輕敵，剛愎自用，遭劉邦的軍隊伏擊而幾乎全軍覆沒。他帶著愛姬及一些殘兵逃至烏江邊，發現江邊上矗立著一座石碑，上面還有幾個大字。定睛一看，只見石碑上赫然寫著「霸王自刎烏江」六個大字。項羽不禁一驚！走近一瞧，這幾個字竟是許許多多螞蟻組成的。霸王本來還想要逃過烏江以後，重整旗鼓捲土重來，但是這幾個字使他認爲，自己的失敗是上天的旨意，便長歎一聲，決定拔劍自刎了。其實，螞蟻怎麼會寫字呢？這正是漢高祖劉邦手下的大將韓信的詭計，是他派人用蜂蜜在石碑上塗了這六個字，螞蟻嗅到蜂蜜味，就會爬滿塗蜜的地方，結果呈現出了醒目的字樣。韓信採用的這招正是無中生有的典範，讓項羽自認天命，放棄反抗。

陳勝、吳廣起義的時候，他們用「魚腹丹書」、「篝火狐鳴」的計策，策動戍卒起義，提出「大楚興、陳勝王」的口號，起兵反秦，這也是無中生有的計謀，用以樹立自己的威望。他派人在魚的肚子裡面事先放進去用朱砂寫的書，上面寫著「大楚興、陳勝王」，還讓人在晚上故意學狐狸的叫聲，隱隱約約聽起來似乎是「大楚興、陳勝王」。

如何防止別人用「無中生有」之計陷害自己，需要花費一些心思。注意自己的言行，做事要光明磊落，坦坦蕩蕩。當然，把握「無中生有」在職場上的運用，也可以識破周圍一些人能力大和人緣廣的背後原因，以及競爭對手不可告人的目的等多種作用。

婉言拒絕，以德報怨

幫助別人是很多人的信條，因爲幫助別人是一種很好的社交方式，會使你得到良好的聲譽，同時也是一種投資，因爲今天你幫助了別人，別人欠了你的人情，會在你需要幫助的時候來幫助你。但是在很多情況下，你需要對求助的人說「不」，當你的同學要求你協助他考試作弊的時候，當你的朋友請求你去做一些你自己不喜歡做的事情的時候，當你自己力不從心的時候，你都需要說「不」。說「不」，不僅僅是對事情的理性判斷，更需要很強的能力和藝術性，需要你的準確判斷和委婉的表達技巧。很多時候，你需要委婉地拒絕，因爲你答應幫人又幫不好，會使自己的信譽受損，甚至會使對方產生受騙的感覺。之所以要委婉，是爲了使你的拒絕不傷害別人的心。

你必須明白，你不可能把什麼東西都贈送給人，給予和拒絕是同等重要的，因此在應該拒絕的時候一定不要猶豫不決。應該總是留一點希望的餘韻，使得拒絕帶來的痛苦略增甜味。比如一位朋友向你借錢，你可以這樣說：「我很高興你這麼信任我，我也很想幫你的忙。」最後再說一些鼓勵的話。

「可」與「否」說起來很簡短，可要說得妥當，眞叫人煞費苦心。學會說「不」是一門學問。

拒絕不一定是一杯苦酒

1. 第一招：巧設鋪陳

對別人的建議或者請求，在需要否定時，你不妨安排一兩個邏輯前提，不直接說出結論，邏輯上必然產生的否定結論留給對方自己去得出。這種方法在面對上級時使用，效果比較理想。戰國時候，韓宣王欲重用兩個部下，故向大臣摻留徵求意見。摻留明知重用這二人不妥，但如果直言「不」，可能會冒犯韓王，並且讓韓王誤以爲自己妒忌賢能。於是摻留這樣表達自己的見解：「魏王曾因重用這兩人丟過國土，楚王也因重用他們而丟過國土，如果我們也重用這兩人，將來他們會不會也把我國出賣給外國呢？」聽了這話，韓王不得不放棄原有的打算。

2. 第二招：欲進先退

不妨在準備說「不」字時，主動爲對方考慮一下退路或補救措施，使他們不至於一下子跌進失望的深谷。有一次，美國成功學大師卡內基不得不拒絕一個於情於理都不應拒絕的演講邀請。他這樣對邀請者說：「很遺憾，我實在排不出時間了。對啦，某某先生講得也很好，說不定他更適合你們。」卡內基向邀請者推薦了一個目前有實力解決此問題的同行，使得邀請者多多少少獲得了心理補償，減輕了因遭拒絕而產生的不滿和失望。當我們對對方的要求「心有餘而力不足」時，不妨採用這種方法，它可以充分表達我們的誠意，從而得到對方的理解。

3. 第三招：假裝糊塗

爲了達到拒絕的目的，不妨裝聾作啞一回。有一次，一位貴婦人邀請義大利著名小提琴家帕格尼尼到她家裡去喝茶，帕格尼尼同意了。當然，貴婦人是醉翁之意不在酒，她又笑著補充說：「親愛的藝術家，我請您千萬不要忘了，明天來的時候帶著小提琴。」「這是爲什麼呀？」帕格尼尼故作驚訝地說：「太太，您知道我的小提琴是不喝茶的。」帕格尼尼透過曲解對方說話含義，而把自己的拒絕表達得明明白白。這種方法適用於愛玩小手段的人，讓他面對拒絕啞巴吃黃連——有苦說不出。

對他人表示反對或拒絕，你一定要有充分的理由，還要注意機智應變的技巧。如男人們有時會邀請女人共同赴宴，而一般的女子都會適度保持矜持，因此答案多半是否定的。既然要拒絕對方的邀請，在言詞上自然要下一番功夫。倘若對方是平日的工作伙伴，一旦拒絕，那麼以後的工作勢必增加許多困難。

有這樣一個例子。男子對一位女同事說：「歡迎妳一同參加！」說著，便將音樂會的入場券遞給她。這時，這位女子很想拒絕他的邀請，於是順手從皮包裡拿出筆記本，打開看了一看說：「謝謝你的好意，不過很抱歉，今天我已和別人約定了。」就這樣婉言拒絕了對方。

還有一則有趣的故事。有位男子邀請某女子一同飲茶用餐，而那女子卻非常機智地回答對方：「我非常高興，謝謝你，但是不是可順道邀請小王和小張一同前往？因爲我們原來約好下班後要一同逛街的。」這樣一來，對方不是知難而退，就是大家共進晚餐了。

竹林七賢之一的阮籍，得知司馬昭爲自己的兒子司馬炎前來向自己提親，要娶自己的女兒，由於他不願意與這樣的人同流合污，就連續喝醉六十天，使得使者不能與之談及婚事，巧妙躲過了求婚。

4. 第四招：旁敲側擊

有一個笑話。妻子：「親愛的，格林夫人買了一頂帽子，眞好看！」丈夫：「如果她像妳這麼漂亮就不用買帽子了。」這個聰明的丈夫透過誇讚妻子的美貌，巧妙達到了拒絕的目的，既討好了妻子又不需要破財，一舉兩得。

某公司有位專家，因事向主管請一星期的假，可主管只給他三天假。主管說：「你是個能幹的專家，別人需要七天辦的事，你三天就能辦妥。」專家只好垂頭喪氣地走出辦公室，因爲他若反駁主管的話，無異於承認自己是個笨蛋。這種拒絕法的高妙之處就在於，如果對方不接受你的拒絕，那就是承認自己不行，又有誰願意承認自己不如別人呢！

5. 第五招：幽默以對

第二次世界大戰後，爲了紀念英國首相邱吉爾保衛英倫三島的卓越功績，英國國會擬透過一項提案，在公園裡塑造一尊大型的邱吉爾銅像，讓人景仰。邱吉爾不願意搞個人崇拜，他說：「多謝大家的好意，我怕鳥兒喜歡在我的銅像上拉屎，還是免了吧！」聽了這幽默委婉的謝絕後，國會很快撤消了這個提案。

在德國某電子公司的一次會議上，公司經理拿出一個他設計的商標徵求大家意見。經理說：「這個商標的主題是『旭日』，這個『旭日』很像日本的國徽，日本人見了一定樂於購買我們的產品。」

營業部主任和廣告部主任都極力恭維經理的構想，但年輕的銷售部主任卻說：「我不同意這個商標。」經理感到很吃驚，全室的人都瞪大眼睛盯住他。銷售部主任沒有同經理爭論那個帶小圈圈的設計是否雅觀，而是說：「我恐怕它太好了。」

經理感到納悶，臉上卻帶著笑說：「你的話我難以理解，解釋來聽聽。」「這個設計與日本國徽很相似，日本人喜歡，然而，我們另一個重要市場中國的人民，也會因此而聯想到日本國徽，他們就不會有好感，這不是同本公司擴展對中貿易計劃相抵觸嗎？這顯然是顧此失彼了嘛。」經理滿意地點了點頭。巧妙的話語雖只有幾句，卻勝過長篇大論。

6. 第六招：請君入甕

羅斯福當海軍助理部長時，有一天一位好友來訪。談話間，朋友問及海軍在加勒比海某島建立基地的事。

「我只要你告訴我」，他的朋友說，「我所聽到有關基地的傳聞是否確有其事。」這位朋友要打聽的事在當時是不便公開的，但既是好朋友相求，那如何拒絕是好呢？

只見羅斯福望了望四周，然後壓低嗓子問朋友：「你能對不便外傳的事情保密嗎？」

「能。」好友急切地回答。

「那麼，」羅斯福微笑著說，「我也能。」

7. 第七招：以堵為防

先發制人，主動出擊，使對方在你面前無法開口提出要求。某單位一位司機小張在工作之餘，開著公家車帶女友兜風，不料車在路上出了事。司機提報單位，要求用公費修車。單位主管知道車出事的原因，於是先發制人的對司機說：「小張是個有分寸的人，一向能按原則辦事，我就是喜歡像你這樣的人。」聽了主管對自己的表揚，小張不好意思提出要求，終於把要說的話嚥了回去，自己想辦法修車。

第二章 生死在水天

無論天高海闊，魚翻魚躍，水和天始終是魚無法脫離的生存環境，
魚兒必須與其他的海底生物和諧共處。
魚如此，人更甚。
從來到人間到離開世界，人從來沒有停止各種社交和合作，
與人為善，共同發展，百利無一害。

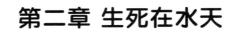

難得糊塗，天下太平

清代文學家、書畫家鄭板橋，刻有一枚圖章，上面是四個篆字：「難得糊塗。」這一直被視爲做人和做事的精明法則。其實，說糊塗並不糊塗，所謂「難得糊塗」，實際上是最清楚不過了。正因爲他看得太明白、太清楚、太透徹，卻又對個中緣由不能說破，倘若解釋了，更生煩惱或不利，於是便裝起糊塗，尋求逃遁之術，這是生活中的常態。

辦事不可顯得太過於精明，好像誰也算計不過你一樣，如果眞的是這樣，你可能就已樹敵太多危機四伏了；而那些善於在複雜世間裝糊塗不計較的人，反而可能蒙混自保，廣結人緣，達成目的。現實生活中常會有這樣的現象，就是明明看到某些地方不公平、不公正，偏偏很多人不說，而一些說出來的人卻被人們唾棄，這看起來似乎很悲哀，其實卻非常正常，因爲這其中牽涉到一個潛規則的問題。

1. 在複雜的人際關係中，以「糊塗」為前提

糊塗處世，收斂智慧，讓人認爲你無能，忽略你的存在，關鍵之時，不動聲色先發制人，使人不知雲裡霧裡。

人生在世，不應對什麼事都斤斤計較，該糊塗時就糊塗，該聰明時就聰明，小事糊塗，不要小聰明，關鍵時刻，才表現出大智大謀。

沈默是金，大智若愚是智者的自保方式。無論才能有多高，要善於隱匿，即，表面上看似沒有，實則充滿的境界。

現實人生確實有許多事不能太認眞，太較勁，特別是涉及到人際關係，錯綜複雜，盤根錯節，太認眞，不是扯著胳膊，就是動了筋骨，越搞越複雜，越攪越亂乎。順其自然，裝一次糊塗，不喪失原則和人格；或爲了公衆爲了長遠，哪怕暫時忍一忍，受點委屈，也值得。「糊塗法」是既可免去不必要的人事糾紛，又能保持人格純淨的妙方。

中國古代的道家和儒家都主張「大智若愚」，而且要「守愚」。愚並非眞愚，大智若愚的人給人印象是：虛懷若谷，寬厚敦和，不露鋒芒，甚至有點木訥。其實在「若愚」背後，隱含的是眞正的智慧大聰明。大智若愚，這是兵家的計謀，也是處世的方略。

古人以爲做一個眞正明智的人，要適度裝傻，以免自己的智慧太過而遭不測。

春秋時，齊國有位智者叫隰斯彌。當時當權的大夫是田成子，頗有竊國之志。一次，田成子邀他談話時，兩人一起登臨商台瀏覽景色，東西北三面平野廣闊，風光盡收眼底，唯南面卻有一片隰斯彌家的樹林蓊蓊鬱鬱，擋住了他們的視線。隰斯彌談話結束後回到家裡，立即叫家僕帶斧鋸去砍樹林。可是剛砍了幾棵，他又叫僕人停手，趕快回家。家人望著他感到莫名其妙，問他爲什麼顚三倒四的？隰斯彌說：「國之野唯我家一片樹林突兀而列，從田成子的表情看，他是不會高興的，所以我回家來急急忙忙想要砍掉。可是後來一轉念，當時田成子並沒有說過任何表示不滿的話，相反的十分籠絡我。田成子是一個非常有心計的人，他正野心勃勃要謀取國位，很怕有比他高明的人看穿他的心思。在這種情況下，我如果把樹砍了，就表明我有知微察著的能力，那會使他對我產生戒心。所以不砍樹，表明不知道他的心思，就算有小罪而可避害；砍了樹，表明我能知人所不言，這個禍闖得可就太大啦！」

這是一種典型的自保之術，所謂「察見淵魚者不祥」是也。因此有時「事不關己，高高掛起」，自有其一定的合理性。尤其是身爲有一定地位的領導者，對下屬必須審察有度。

唐太宗有一次爲了審察手下的文官中是否有貪官污吏，悄悄叫心腹拿國庫絹去試賄。有一個管官門的官吏不知，受了一匹，立即被抓起說要處死。裴矩對太宗說，這種考察方法不義，是陷人於法：明明是你叫人去送給他的，反過來又說人家受賄，這不是用計害人嗎？這樣下去，將來還有誰敢上朝做官呢？太宗聽了，自感無言以對，於是召集文武，宣佈自己的過錯，以安撫人心。

所以古人說：「洞察以爲明者，常因明而生暗。」說的就是精於察人而產生的副作用，即「好醜在心太明，則物不契，賢愚心太明，則人不親，士君子須是內精明而外渾厚，使好醜而得其平，賢愚共受其益，才是生成之德。」所謂「大智若愚」就可作如是觀吧！

人一生不應對什麼事都斤斤計較，該糊塗時糊塗，該聰明時聰明；小事裝糊塗，不耍小聰明，而在關鍵時刻，才表現出大智大謀。小事愚，大事明，對於人來說是一種很高的修養。所謂愚，並非自我欺騙，或自我麻醉，而是有意糊塗。該糊塗的時候，就不要顧忌自己的面子、自己的學識、自己的地位、自己的權勢，一定要糊塗；而該聰明、清醒的時候，則一定要聰明。由聰明而轉糊塗，由糊塗而轉聰明，則必左右逢源，不爲煩惱所擾，不為人事所累，這樣你也必會有一個幸福快樂的成功人生。

2. 隱壯顯弱，「糊塗」致勝

人們總是喜歡把自己的優勢很快就表現在別人面前，想要立刻搏得別人的認同。但是有時候，人們會討厭那些總是很喜歡表現自己的人，因爲謙遜一點的人比較可愛。所謂「糊塗」致勝，就是把自己的優勢隱藏起來，不要讓你的優勢成爲別人攻擊的對象，這就是所謂的「大智若愚」，中國有句話叫做「悶聲發大財」，講的就是要不聲不響的發財，如果你發財的事情讓別人知道了，你就會成爲別人的目標，你的發財路也許就不再通暢了。

3. 處處精明不是為人上策

聰明人和精明人是不一樣的，在某種意義上來講，聰明人要比精明人更好一點，因爲聰明人不僅僅知道在什麼時候顯示自己的精明，還知道在什麼時候隱藏自己的長處和優點。聰明人不僅僅知道何時主動出擊，還知道有時候要韜光養晦，抓住好的時機以後再崛起。所以，處處精明不是做人的上上之策，懂得這個道理以後，就要在實踐中常常應用，不要處處精明過人，有些時候不要鋒芒畢露。

糊塗謊言有時候是金玉良言

生活中，我們常常會碰到這樣的場面。到朋友家做客時，主人熱情地給客人夾菜，恰恰是客人不喜歡吃的菜。這時，客人不外乎有兩種態度。一種是不拂主人盛情，一邊道謝一邊違心地說：「好吃！好吃！」結果，一句謊話卻讓自己很難堪。如果這種態度不改，就難免要做一輩子難堪的客人。要是主人知道了原委，豈不尷尬。這窩囊的謊言，既苦了自己又傷了別人，值得嗎？另一種態度，便是巧妙地拒絕。先說一句：「別客氣，我自己來！」再補充一句：「這個菜我很喜歡吃，就是胃受不了！」這巧妙的謊言既不傷主人的面子，又避免了活受罪，豈不兩全其美！

一位朋友在報上發表文章，講了他的一次經歷：

「一天我和朋友去拜訪一位教授，那教授爲人嚴肅，平時不苟言笑。坐了半天，除了開頭說幾句應酬話，剩下的只是讓人尷尬的沈默。

忽然，朋友看到他家養的熱帶魚，其中幾條色彩斑斕，我知道這魚叫『地圖』，自己也養了幾條，還很得意地為這位朋友介紹過。見他目不轉睛地看，心裡納悶，他又不是沒見過，怎麼這樣？教授見朋友神情專注，就笑著問：『還可以吧？才買的，見過嗎？』剛想開口：『見過，我家也養著幾條呢！』朋友卻搶先說：『還眞沒見過。叫什麼名字？我也打算養幾條呢！』我不解地看看他，心想裝什麼糊塗，不是上星期才到我家看過嗎？教授一聽，來了興致，他神采飛揚，大談了一通養魚經，朋友聽得頻頻點頭。那位教授像是遇到了知音，說說笑笑，如數家珍地給他講每條魚的來歷、名稱、特徵，又拉著他到書房看他收集的各類名貴熱帶魚照片，氣氛頓時活躍起來。我們本來打算坐坐就走，不料教授一再挽留，直到晚飯後才放我們走，臨走時硬塞給朋友幾尾小魚，一直把我們從七樓送到樓下。」

一句謊話使教授前後判若兩人，本來幾乎陷入僵局的交談又順利進行下去了，這都歸功於朋友的一句謊話。若據實相告，那很可能就會繼續「尷尬」下去。

一個男大學生愛上了一個女大學生，對女大學生說：「妳是溫暖我的太陽，是照耀我的月亮，是為我指引方向的北斗星，是為我呼喚早晨的啓明星。」

女大學生聰明，早已聽出這是一番愛情的表白，但自己並不喜歡面前的小夥子，怎麼辦？如果斷然說「我不喜歡你」，豈不是會使對方陷入尷尬？不置可否，又怕對方誤會。她只說了一句：「眞美！您對天文學太有研究了，可是眞對不起，我對天文學一點也不感興趣！」

舞會上，一位姑娘不小心踩了一位小夥子的腳，姑娘羞愧之下，忙道歉說：「對不起，很痛嗎？」小夥子語出驚人：「不痛，不痛，歡迎妳再踩一腳。」這俏皮的謊言，不僅逗得姑娘開心一笑，更爲小夥子創造了深交的契機。

謊話要說得漂亮風釆，並非易事。爲了創造幽默風趣的效果，說謊，就得從反常角度入手，越是說得俏皮、大膽、新奇，越是引人入勝。說謊，就要說得輕快自信，說得圓滿自如，不容置疑，才能以假勝眞，巧中取勝，黑中取白。

累積人緣，儲存財富

有人說人活著就像一隻魚，總是在一定的範圍之內遊走，只不過不同的魚所能夠活動的範圍大小不同罷了。這個活動範圍的大小不同，恰恰決定了這條魚生活的品質。試想，一條生活在池裡的魚，和生活在魚缸裡的魚，牠們的感受一定不同，前者有較大的活動空間，有更多獲取食物的機會。而後者活動的範圍就很小，而且只能依靠主人的給養才能夠生存。然而，和生活在大海裡的魚相比，他們活動的空間就顯得微不足道了。

魚是這樣，人亦然。如果把人比喻成水中的魚，那麼這個人周圍的社會關係就是水，社會關係網路的大小就是這個人活動的空間。社會關係網路大的人生活品質通常比較高，成功的機會也就多；而社會關係相對少的人，他們的機會也就相對越少。

但是，人和魚有一點區別。那就是：魚生活的空間範圍不能由自己來選擇，而人在一定條件下能夠為自己創造社會關係。即使是一個出身貧寒的人，透過自己的後天努力，也可以創造出龐大的社會關係網路，為自己爭取更多的成功機會。天生的條件以及感情會影響人際關係，比如生在有權勢和財富的家庭，就很容易結識社會名流；比如，一個懂得運用情感的人就比較容易和別人建立社會關係，但是這些並不是最主要的因素，人際關係的建立需要運用腦子來創造，而且創造人際關係應該成為一個渴望成功者的必備能力。

現代心理學家和社會學家的研究證明，人際關係具有四大功能：

1. 產生合作力。我們常說「人多力量大」，「人心齊，泰山移」，「團結就是力量」，現代社會分工細化，競爭殘酷，單憑一個人的努力根本無法獲得事業上的成就。只有藉助眾人之力，才有可能抓牢機會，創造輝煌的人生。而要想獲得機遇，改寫人生，就必須學會經營人際關係。

2. 形成互補。一個人，即便是天才，也不能樣樣精通。所以，他要完成自己的事業，就必須善於利用別人的智力、能力和才幹。然而，用人並不僅僅是一種雇傭與被雇傭的關係，要想鼓舞下屬的積極性，就必須掌握一定的人際技巧。每個人開創自己的事業時，總希望有好的機遇降臨到自己頭上，良好的人際關係能夠助你一臂之力，為你掃清障礙，締造難得的人生機會。

3. 聯絡感情。在邁向成功的道路上，要想堅持到底，僅僅依靠信念是遠遠不夠的，還必須有友誼的滋潤，良好的人際關係會使你獲得強大的熱情力量，在成功時得到分享和提醒，在失敗時得到傾訴和鼓勵。這必將有助於保持良好的心態，在成功時看到更爲長遠的機會，在失敗時也會做好心理準備，耐心等待機會的來臨。

4. **交流資訊**。想要抓住機會，資訊無疑是至關重要的，掌握的資訊越多，獲得的機遇也就越多。在現代社會，掌握了資訊也就把握了成功，把握了命運。一條珍貴的資訊，足以使人功成名就，腰纏萬貫；而資訊閉塞可能使人貽誤機會，遺憾終生。良好的關係網是獲取資訊的一條有效途徑，在這個網裡，你能夠在各種機會面前佔有領先地位，捷足先登。

關係是第一生產力

「關係學」的實質就是社會關係，主要是透過人與人之間來往而付諸實施的相互緊密聯繫。爲什麼社會關係能取代「科技」而成爲第一生產力呢？這其實是一種民間的合理說法，並不見得會得到高層公開的認可，卻是大家心知肚明的。我們經常提到的「人治」，其實質就是「關係學」或「潛規則」在發揮著十分必要的作用。

任何一個單位，誰掌握了用人權和財務，誰就擁有眞正的權力。僅僅是名義上的第一把手，往往只是徒有虛名。眞正的第一把手有了用人權和財務權，往往會把此看作自己手中的「私權」，在提拔人和分配財物時，竭力使「自己人」受益，而「自己人」也知曉事成背後是誰眞正「使了勁」、「起了作用」。其結果是，一方面讓對方莫忘自己的恩典，服從自己的權威；另一方面，一把手還可以得到心甘情願的回報。就這樣，所謂的「公權」，變成了自己進財謀利的「搖錢樹」，國家選拔的人才就成了自己的「家奴」。這一現象足以說明「關係」的重要，以及人們對「關係」的信賴和依附，把「關係」推在高於組織、法律和各種規定的層次上。有了「關係」就可以得到眞正的權力和好處，沒有「關係」，充其量只是形式上的棋子，名義上的擺設。

人緣是最大的財富

人際關係的管理，包括社交技巧及溝通能力都至關重要。

現實生活中，有的人人際關係很好，朋友很多；有的人則人際關係不良，朋友很少或根本沒有朋友。造成這種差異的原因，除少量先天的影響因素外，和人們後天的生活習慣及性格關係最爲密切。人際關係不良的人，主要有以下幾種典型的心態：認爲自己必須給人留下好印象，以贏得尊敬和喜愛，不過又不知如何贏得他人的心意，越是想取悅他人，越會得不償失；認爲別人都能洞察你的心事，並認爲害羞和焦慮都是要不得的情緒，因此足不出戶；害怕自己當衆出醜，別人會拿你的事當作笑料；不會說不，也不會表達憤怒，與別人發生磨擦，一味遷就和妥協，給人留下缺乏自信的印象；認爲別人並不喜歡眞實的你，一旦別人發現眞實的你，就會覺得你一無是處；感到自己成了衆矢之的，大家都對你議論紛紛……以上這些心態，相信很多人際關係不良的人都會心有戚戚。那麼，如何克服呢？一些著名的心理治療師認爲透過以下行爲療法可以解決這些問題。

1. 自我暴露

即，將自己的不安及焦慮，以及在人際來往中的不如意向別人和盤托出，這種技術是克服人際關係不良的一種有力解毒劑。只要有足夠的勇氣暴露自我，坦然承認或公開表達出自己的不足，就能建立良好的人際關係。這樣做的好處是能夠使你很清楚看到，你的那些焦慮在旁人看來是多麼微不足道，而你卻把它看得那麼嚴重。

2. 角色扮演

有人擔心用自我暴露技術會損害自己的名譽，或被人嘲笑，以致更加被看不起。實際上，他們的這種看法是毫無道理的，但現實又很難使他們在短時間內改變。此時就可以採用這種技巧。進行角色扮演時，請一個朋友來扮演你，而你扮演嘲笑別人的人。請你的朋友自由作答，這樣做的結果是，你會越來越發現你的朋友沒有什麼可嘲笑的，而你身爲嘲笑者則顯得很是無聊。它使你逐步認識到，「自我暴露」有時並不會遭受別人的嘲笑。

人際關係不良，除去由於性格導致的情形以外，多是由雙重不信任引起的，克服和擺脫的方法在於以實際行動改善你同他人的關係。在社交場合，人們必須學會正視自己的各種情感。剛開始運用以上方法時，可能會引起焦慮，甚至恐慌，但只要持之以恒，就能學會表達自己的情感，信心也會隨之增長，最終會發現人際關係不良的弱點不是那麼難以克服和逾越的。

三十六計，讚為上策

讚美是人際來往中最佳的對話方式，每一個人內心深處都渴望得到別人的肯定和尊重，你的讚美正好使對方這種心靈深處的需求得到滿足，你的讚美同樣也是對方自我價值得以實現的一種方式。任何人都不會嫌棄對方給自己的讚美，所以在人際來往中千萬不要吝嗇你的讚美之辭。小孩子喜歡別人讚美自己聰明伶俐，中年人喜歡別人稱讚自己成熟穩重有智慧，老年人喜歡別人稱讚自己身子骨硬朗；詩人喜歡別人讚美自己的才華；科學家喜歡別人稱讚自己知識淵博和精深；歌手喜歡別人說自己歌聲優美；演員喜歡別人稱讚自己演技高超……所以，讚美是每一個人必備的社交技能，它不僅會使你輕輕鬆鬆處於有利地位，甚至有扭轉時機、化腐朽爲神奇的功效。

在現實生活中，讚美不僅僅是一門學問，更是一種藝術。讚美之辭可以發揮起死回生之效，也可以有返老還童之奇蹟。現實生活中，不管是偉人還是普通老百姓，不管是老人還是年輕人，所有的人都希望得到別人的讚美。馬克．吐溫曾經說過：「一句精彩的讚辭可以代替我十天的口糧。」

一位創業者指出：「讚美、致謝、感恩的話語，能擴大、釋放或以任何方式輻射能量……透過讚美，你可以把一個怯懦者變成堅強者，把一顆恐懼的心靈改造成和平而自信的心靈，使極度神經衰弱者恢復平衡和力量，使即將倒閉的企業重獲成功，使不滿和抱怨變成滿足和支援。」

1. 把握好奉承讚美的分寸

讚美別人不光要慷慨大方，而且要有遠見卓識。讚美要符合實際情況，稱讚他人時如老用一些過誇張的形容詞，就會言過其實而讓人掃興。要深入瞭解對方的能力、性格、經歷、成就等，讚美起來才不至於空洞無物。另外，要善於稱讚別人沒有注意到的部分，方能讓受者眼睛一亮。總之，要使自己的讚美經受得住時間的考驗，而且要說得具體、貼切、與眾不同。

要用長遠的眼光去審視你所要讚美的人和事，使自己的讚美經受得住時間的考驗。不要搬石頭砸自己的腳，你剛誇他做事小心謹慎，他卻冷不妨捅個大漏子讓你看。事情還沒有完成之前，一定不要輕下讚詞，因爲說不定就在最後關頭事情宣告失敗了。有些人見到事情成功在望，便禁不住大加讚歎，誇下海口，結果卻失敗了，豈不讓人笑掉大牙。這種落人笑柄的事情，每一個明智而體面的人都不希望發生在自己身上。

讚美別人要善於從小事著手，於細微之處見高下。尤其要讚美對方不易爲人知的優點。

一個人無論他怎麼差勁，也會有一二個値得讚美的優點。例如，一個女孩或許長相難看，但牙齒長得很漂亮，或者皮膚很白等等，要善於抓住這些地方對其加以讚美。也許有的人根本不在乎這些小優點，但無論如何，你的讚美一定會使她心情愉快。如果你面對的是一位美貌絕倫的女子，你再老調重彈，誇其美得如何沈魚落雁、閉月羞花，往往引不起她多大的興趣，如果能找出她較不爲人所知的優點，則往往可以使對方感到意外的驚喜。

讚美別人要站在一定的高度上，充分發掘別人的意義並推測將來的影響，因爲讚美一個人的行爲和貢獻比讚美他本人好，但一定要說中要害，這樣你的讚美才會有品味、有格調。

讚美一個人的行爲或他的貢獻，你的讚美不光顯得具體而貼切，而且會讓人覺得特殊而眞誠。讚美一個人的行爲或成績，還可以避免偏見或功利主義。因此，在日常生活中，與其對一個人說「你眞了不起」，不如明白闡述他所做的某一件事情所帶來的巨大社會效應或經濟效益。讚美一個人的工作，會促使他工作更加賣力；讚美一個人的行爲，他的行爲則會大有改善。但讚美必須一語中的，就像射箭要射中靶心。讚美別人的首要條件，是要有一份誠摯的心意和認眞的態度。因此讚美別人時，千萬不要講出與事實相差十萬八千里的話。例如，千萬不要對你年老的母親說：「妳看起來比姐還年輕。」否則你只會招來白眼。

2. 多說好話終有好報

讚美別人還應該懂得「太陽上也有黑點」。任何人不可能沒有缺陷，而人在看自己時，往往只看到了優點，看別人時，卻將過多的眼光集中在缺點上。因此，我們要善於容納別人的弱點和缺點，去發掘他人的優點和長處，不要將他全盤否定。

宋眞宗手下有兩位得力的大臣，一位是王旦，爲人襟懷坦蕩；另一位是寇准，他雖然爲宋朝立下汗馬功勞，卻喜歡揭人短處，每每在宋眞宗面前說王旦的不是。王旦卻經常稱讚寇准，宋眞宗因此更加佩服王旦的寬廣胸懷和高尙品德，越發器重他。

牙齒和舌頭都經常打架，人和人之間難免會產生磨擦。如果你每件事都耿耿於懷，那是愚蠢的行爲。你如果淪落到背後想盡辦法貶低別人，企圖將人打趴下，甚至是惡意誹謗，那則是小人的舉動，爲人所不齒了。如果在現實生活中，你與他人產生了磨擦，面對他人的敵意態度，不妨笑臉面對，來個溫言柔語如清風，誇言讚語似甘露，最終他人肯定回心轉意，化干戈爲玉帛。

在某單位裡，小王和小張因一件小事發生口角，小張遇到小王必冷嘲熱諷一番。有一次，小張的一篇文章發表了，單位的人卻一無所知，小張覺得很悶。小王看穿了小張的心思，便大張旗鼓地在辦公室裡公佈了這個消息，並向小王表示祝賀。小張在欣喜和陶醉之餘，向小王投去了感激的目光，從此，小張不僅和小王重歸於好，而且得到了同事們的一致稱讚。

要想客觀地評價一個人、誠摯的讚美一個人，必須具有寬廣的胸懷，只有這樣，才能在這個人際關係日顯重要的社會中，左右逢源，充分施展自己的拳腳；也只有這樣，才能使自己每日心情愉快，笑口常開。

3. 奉承話說得越好聽，經營事業越興旺

人際關係的順暢是事業成功的最關鍵因素，而讚美別人是處世交際最關鍵的課程，如果你懂得如何去讚美別人，再加上你聰明的腦袋，還有腳踏實地的精神，就等於事業成功了一半。真誠的、發自內心的讚美可以修好你的人際關係，使你在事業的道路上暢通無阻，讚美是一種有效的感情投資，當然，有付出就會有回報：讚美上司，能使上司心情愉悅，對你越發重視；讚美同事，能夠聯絡感情，增強團隊精神，在合作中更加愉快；讚美下屬，使你贏得下屬的敬重，激發下屬的工作熱情和創造精神，從而更好地協助自己在事業上的發展；讚美自己的生意夥伴，則會贏得更多的合作機會，從而獲取更多的利潤；如果你是一個商人，學會讚美你的顧客，則會擁有更多的顧客回頭率。

商界奇才鮑羅齊就曾說過：「讚美你的顧客比讚美你的商品更重要，因為讓你的顧客高興你就成功了一半。」

讚美對於你的家人、朋友同樣重要，俗話說：「家和萬事興。」家庭和睦，則萬事興旺，父母適當讚美自己的孩子，可以使孩子更具有自尊心和自信心，並溝通親子的感情。另外，朋友之間適當的讚美是必不可少的，有人說：「沒有朋友的生活等於死亡。」而朋

友之間相互讚美是產生友情的前提之一，因爲既然成爲朋友，就一定有雙方相互欣賞的一面。

讚美別人既是壓力又是動力，因爲壓力而產生動力。你讚美別人就意味著你肯定了他人的優點與成績，相對應的是，你逐漸意識到自己的缺點與不足；人只有不斷的發現自己的缺點與不足，才能更完善自己，取得更大的進步。

某中學一個班上有兩個同學同名同姓，其中一個成績特別好，而另一個同學則成績平平。一天，成績一般的那個同學對成績好的那個同學說：「我倆姓名一樣，而你的成績卻每次都高我一大截，我眞是打心眼裡佩服你。」後來這個成績一般的同學變壓力爲動力，最終還考上一流學府。

學會讚美別人，可以給你帶來遠見卓識，讓你擁有寬廣的胸懷，這些是一個人走向成功必備的性格和修養，讚美別人還可以使你獲得眞摯的友情，可以有很好的人際關係。俗話說，朋友多了路好走，此路不通還可以走彼路。學會了讚美別人，你就擁有開啓成功之門的鑰匙。

4. 恭維要到點，見什麼人說什麼話

如果今天一大早就有人誇你「衣著得體，非常漂亮、有精神」，那麼你一天都會很愉快吧！小小的一句恭維能起很大的作用，它可以迅速拉近人與人之間的距離，得到別人的喜愛，也可以給他人信心和快樂。然而一些人偏偏學不會，或不屑讚美他人。下級讚美上司，被認爲是「拍馬屁」；男士讚美女士，被認爲「心懷不軌」，這些都是不必要的心思。誰都想要得到別人的肯定與讚同，爲什麼不試著去讚美一下別人呢？

要恭維他人，先要選好恭維的話題，不可過分誇張，更不能無中生有。對於年輕客戶，恭維他年輕有爲、敢於開拓；對於中年客戶，恭維他經驗豐富、見多識廣；對於知識份子，恭維他知識淵博，刻苦鑽研；對於商人，恭維他頭腦靈活、發財有道……這些都是恰如其分，如果讚美一中年婦女活潑可愛、單純善良，可能就會不倫不類，弄不好還會遭致臭罵。

要恭維他人，就要善於體察人心，瞭解對方的迫切需要，有的放矢。

要誇別人，還要有「戰無不勝」的信心。人都是有弱點的，再謙虛，再不盡人情，再標榜不喜歡聽甜言蜜語的人，其實都喜歡別人恭維的，只要恰如其分。

有個笑話說，某君是拍馬屁專家，連閻王都知道他的大名。死後閻王見到他，拍案大怒：「我最恨你這種馬屁精。」馬屁精忙叩頭回道：「因爲世人都愛被拍馬，大王您公正廉明，誰敢拍您的馬屁。」閻王聽了，連說對啊對啊，諒你也不敢拍我的馬屁。原來每個人都是愛聽好聽的，只要你恭維得有「分寸」，不流於諂媚，不傷人格，就會博人歡心。

恭維人的話不能過多，多了對方會不自在，覺得你是虛情假意，習慣於對每個人都花言巧語。恭維過多也不利於交談，在談話中頻頻誇對方，對方頻頻表客氣，談話便無法順利進行。恭維對方本身不如恭維他的成績。比如恭維對方容貌就不如恭維他的品味與能力。因爲容貌是天生的，爸媽給的，無法改變，而品味與能力是自己後天養成的，表明了自己的價値，是自身的成功。恭維話要有新意，不要總空洞無物地誇對方「好可愛」「好聰明」，應當有自己的看法與見地。誇別人這件衣服好看，就不如誇她的上衣與裙子的搭配非常巧妙，非常合適，整體效果好。陌生人剛見面時，可以先恭維他的名字有新意、有內涵，以此拉近距離，展開對話。這種方法可以讓人覺得你很友好，很重視他，願意和他交談。留心對方的反應，當對方對你的恭維顯得不自在或不耐煩時，就要適可而止了。

5. 讚美關切忌貽誤時機

每一名員工都希望得到讚美，尤其是虛榮心強的人，讚美更是多多益善。當你的下屬做出成績時，千萬別忘了讚美他一番，這會使他感到上司特別關注自己，感到自我價值得到肯定。同時，這也有利於下屬進一步提高工作積極性，助他做出更大的成績，同時對其他部屬也是個鞭策和激勵。或許有些管理者以爲讚美會讓人自滿，而怠忽工作，這種想法是完全錯誤的。

身爲一位管理者，肯定和讚美下屬的成績也有某些小講究。譬如，肯定成績要講究及時性，不能在人們幾乎淡忘的時候才鼓勵一番，這就失去了讚美的意義，甚至會使人心灰意冷。讚美講究一定的方法，小到一個肯定的眼神，一個友好的手勢，或者用適當力量拍拍下屬的肩膀。對於成績特別突出、影響較大的，要及時表彰獎勵。對於那些做出了重大成績、表現突出的下屬，要考慮趁其才華橫溢之時提拔一番，防止其「才情薄暮」，以致貽誤時機。這種及時表彰，是對下屬工作成績的最大肯定，對企業、對下屬個人的發展會產生重大和深遠的影響。

轉個彎的讚美法效果更強烈。一般讚美若是透過第三者的傳達，效果便截然不同。此時，當事者必認爲那是認眞的讚美，毫無虛僞，於是全心接受，爲之感激不已。在深受鼓勵之下，這位屬下會更加努力工作，自是可想而知的。

在我們周圍，可把這種方法派上用場之處不勝枚舉。例如，父母希望孩子用功讀書時，在評價下屬的工作時。

讚美下屬不要「吝嗇」。試想，如果一位主管習慣於罵人和警告人，而另一位主管則習慣讚美人，那麼，哪一位主管的下屬更有信心、更容易發揮潛能呢？顯然，每天受到警告及責罵的下屬，必定對自己的能力產生懷疑，養成做事畏首畏尾的毛病，有了這些毛病，勢必又要受到主管的責罵，如此惡性循環下去，人才也會變成蠢才的。

小李和小趙畢業後分到甲、乙兩公司，兩人的專業水準及各方面的才能不相上下，而小李的主管劉經理脾氣不太好，職員稍有差錯，輕則批評：「你怎麼這麼笨，連這種事都做不好。」重則以開除相威脅，常說：「下次再犯這樣的錯誤，我就開除你。」而對員工的優點卻視而不見。有一次，客戶送來一塊樣布，要求染出同一顏色的包裝線來。小李拿到樣布，很快看出這種顏色需要五種色拼出來，於是他立即開出配方，打出小樣。小樣的顏色與來樣看上去完全一樣，於是工廠開始按這個配方進行生產。但小李忘記告訴工廠主任染色時，壓力一定要控制在二個大氣壓上。結果工人爲了省時，壓力升到一．五個大氣壓就關機了，致使染出的線略微有些色淺。不過客戶對此倒沒有過分的挑剔，因爲他們對小李小樣的技術熟練程度非常滿意。但劉經理爲此卻大動肝火，他當著許多人的面大聲喝斥小李：「你爲什麼就不能多在小事上注意一些呢？幸虧客戶沒有退貨，否則我要開除你。」小李自己也懊惱不已。從此以後，他經常爲自己常犯這樣那樣的小毛病而自責，甚至有些自暴自棄。

而小趙，儘管他也常犯些錯誤，但老闆從未嚴厲批評過他，而是經常讚美他能幹，肯吃苦。小趙爲報答老闆的知遇之恩，更加賣力地推銷產品，一天就可以跑上五、六家單位。最後，倉庫內積壓了一年的產品也被他推銷出去。一個人身上儘管毛病很多，但他在某方面總有令人滿意的地方，在這方面多給予讚美，會促使他揚其所長，把工作幹得越來越出色。

7. 讚美的話要說透，以免生誤解

每個人都有出色之處，有的人是專業技術水準高，工作成績突出，有的人則在社交方面有特長。針對這些差異，應給予不同方式的讚美。

有的管理者對在本職以外表現出色的職員，這樣讚美說：「你早該換工作了，你在別行會有更爲突出的表現。」這句話很容易使員工產生誤解，以爲這是暗示他另謀他職。主管本無此意，但不恰當的讚美卻導致員工的誤解。假如改用一種說法，效果就不一樣了。可以這樣說：「想不到你是個多才多藝的人，不僅本職做得好，其他方面也非常出色。」同樣一件事，不同的表達方式，得到的效果截然相反。

巧言妙語，機動靈活

生活是很複雜的，不像書上寫的那樣單純，也不如我們想像的那樣直接，有時候可能需要繞一些圈子，有時候可能就要靈活機動、隨機應變，因爲人生的變數實在很多，沒有什麼固定的公式能夠算出你的未來，也不可能有什麼單一的模式使你走向成功。最重要的就是要對每一件事情有圓滿的應變方式，所以必須學會非常重要的人際交往技巧，一是讓你得到大家的喜歡、使你能夠融入人群中、得到大家認可的「捧場技巧」；還有一個是爲自己留出一個退路、使自己在遭受挫折的時候依然能夠圓滿收場的「圓場技巧」。

首先來說說捧場。捧場並非完全局限於下級捧上級、求人辦事、請客吃飯、捧主客和主角。陪角、配角也不能忽略。生活中有很多時候你必須學會去「捧場」。以下舉幾個例子。

1. 保住婆婆的面子

古人樂羊子外出求學七年不歸，家貧，樂母偷了別人家的雞宰來吃，樂妻卻不動筷子一起吃，而且掉淚了。樂母問她爲什麼，她回答：「自傷居貧，使食有他肉。」樂母大慚，端著煮好的雞肉去失主家認錯賠禮。

「道是無情卻有情，說話甘心又醒心。」樂妻沒有當面指責婆婆，反而責怪自己不勤勞，以致家庭貧困。然而就在這當中，她達到了勸告婆婆的目的。

2. 拍拍大嫂的馬屁

有一對妯娌平素相處愉快，一天，大媳婦對小媳婦說婆婆不願替她帶孩子，心裡有些想不通。妯娌談論時正好被隔窗而過的婆婆聽見。翌日，婆婆的臉色便在大兒媳面前有所表示。面對婆婆的臉色，大媳婦誤以爲是小媳婦到婆婆面前挑撥滋事，遂對小媳婦指桑罵槐。小媳婦雖然感到委屈，但一直不露聲色，直讓大媳婦罵累爲止。第三天，婆婆來到小媳婦家門前，被大媳婦窺見，於是大媳婦便豎耳偷聽婆婆跟小媳婦的對話。這時，小媳婦知道大媳婦在隔壁家中，遂故意提高聲音問婆婆：「媽，妳說嫂子在批評妳不肯替她帶孩子，妳是怎麼知道的？」婆婆回答：「前天她在跟妳說話時，我正好路過妳們家窗前，是我自己在窗外聽見的！」小媳婦又說：「媽，妳不必爲嫂子的這句話生氣，嫂子也夠苦的了，大哥在外做生意，她一人忙裡又忙外，實在太累，妳還是替她帶帶孩子吧！」在小媳婦的懇求下，婆婆答應了。至此，小媳婦不僅消除了大媳婦對自己的誤會，使妯娌關係和好如初，還調停了婆婆跟大兒媳的關係，可謂一箭雙雕。

3. 關照好陪襯的配角

儘管人們的社會角色和社會地位不同，但都需要受到尊重，維護面子的精神需求是一致的。如果你忘記這一事實，對重要人物禮加三層，讓一般人冷落一旁，會刺傷後者的自尊和面子，失去一大批人心。

有這樣一場家宴，宴席上坐著男主人、科長，以及男主人的幾位同事。圓桌上的酒菜已經擺得讓人感覺全心全意了，可是圍著花布裙的主婦還是一個勁地上菜，嘴上直說：「沒有什麼好吃的，請各位將就著用點！」

男主人則站起來，把科長面前吃得半空的菜盤撤掉，接過熱菜放在科長面前，熱情有餘地給科長夾菜、添酒，而對其他同事只是敷衍地說聲「請」。

面對這樣「尊卑有別」的款待，試想男主人的幾位同事作何感想？他們很難堪，其中兩位竟憤然起來，未等宴席告終，就「有事」告辭了。

像這樣的宴席，男主人眼裡只有科長，而慢待他人，使同事們的自尊心和面子受到損傷，非但不能增進主客間的友誼，反而造成隔閡。

4. 應付好有來頭的人

有的求人者，來頭大，直來直去地拒絕，會使他感到丟面子，日後可能找你的麻煩。以攻為守是拒絕這些人的一個良策。

陳某聽說局長的兒子要向他借一大筆錢。他知道這錢如果出手，就有可能是肉包子打狗有去無回，但又不想得罪這位公子。於是他靈機一動，在局長兒子一進家門時，就立刻說：「你來得正好，我正想找你呢，這兩天可把我急壞了，有一批貨非常便宜，可人家非得要求一口吞，我怎麼也湊不齊這筆資金，正想找你拆借幾萬呢！」對方一聽這話，懊悔自己到和尚廟借梳——走錯門了，趕緊搪塞幾句，一走了事。

5. 不要當著孩子傷害老師的面子

批評老師當然可以，但不要當著孩子的面。一旦孩子瞧不起老師，也就不聽老師的話，那麼教與被教的關係便破壞了。為了孩子著想，當著孩子面批評老師可說有百害而無一利。類似不能當著孩子面說的話，還有不少，尤其不能當著孩子面說別人的壞話。

送禮不成的七個下臺階

送禮是人情往來中不能少的手段。送得好，方法得當，會皆大歡喜，境界全出；送得不好，讓人擋回，定會堵心數日。只有巧妙掌握送禮的技巧，才能在整個送禮過程畫下一個漂亮的句號。

送禮者最頭疼的事，莫過於對方不願接受而嚴辭拒絕，或婉言推卻，或事後送回，都令送禮者十分尷尬，弄得錢已花，情未結，賠了夫人又折兵，眞夠慘兮兮的。那麼，怎樣才能防患於未然呢？關鍵便是藉口找得好不好，送禮的說道圓不圓，你的聰明才智應該多用在這方面，以下辦法提供參考。

1. 借花獻佛

如果你送上特產，可說是老家捎來的，分一些給對方嘗嘗鮮，東西不多，又沒花錢，請他收下。

2. 暗渡陳倉

如果你送的是酒一類的東西，不妨假藉說是別人送你兩瓶酒，來和對方對飲共酌，請他準備點菜。這樣喝一瓶送一瓶，禮送了，關係也近了，還不露痕，豈不妙哉。

3. 借馬引路

有時你想送禮給人，而對方卻又與你八竿子拉不上關係，你不妨選受禮者的生誕婚日，邀幾位熟人一同去送禮祝賀，那樣一般受禮者便不好拒絕了，當事後知道這個主意是你出的，必然改變對你的看法。藉助大家的力量達到送禮聯情的目的，實為上策。

4. 移花接木

老張有事要託小劉去辦，想送點禮物疏通一下，又怕小劉拒絕，傷了自己的面子。老張的太太與小劉女友很熟，老張便用起了夫人外交，讓太太帶著禮物去拜訪，一舉成功，禮也收了，事也辦了，兩全其美。看來，有時直接出擊不如迂迴運動能收奇效。

5. 先說是借

假如你是給家庭困難者送些錢物，有時他們自尊心很強，不肯輕易接受幫助。你若送的是物，不妨說這東西我家有了，讓他拿去先用，日後買了再還；如果送的是錢，可以說拿些先花，以後有了再還。受禮者會覺得你不是在施捨，日後又還，會樂於接受。這樣，你送禮的目的就達到了。

6. 借雞生蛋

一位學生受老師恩惠頗多，一直想回報但苦無機會。一天，他偶然發現老師的紅木畫框中鑲的字畫竟是一幅拓片，跟屋裡雅致的擺設不太協調。正好，他的叔父是全國小有名氣的書法家，手頭有他贈的字畫。他馬上把字畫拿來，主動放到畫框裡。老師不但沒反對，而且非常喜愛。學生送禮回報的目的終於達到了。

7. 借路搭橋

有時送禮不一定自己掏錢去買，然後大包小包地送去，在某種情況下，人情也是一種禮物。比如，你能透過一些關係買到出廠價、批發價、優惠價的東西，你爲朋友同事買了這些東西，他們在拿到東西的同時，已將你的那份「人情」當作禮物收下了。你未花分文，只不過搭上點人情和工夫，而收到的效果與送禮一般無二。受禮者因交了錢，收東西時心安理得，毫無顧慮；送禮者無本萬利，自得其樂。

自貶自嘲，以守為攻

幽默一直被視爲只有聰明人才能駕馭的語言藝術，而自嘲又被稱爲幽默的最高境界。由此可見，能自嘲的必須是智者中的智者，高手中的高手。

自嘲是缺乏自信者不敢使用的技術，因爲它要你自己罵自己；也就是要拿自身的失誤、不足，甚至生理缺陷來「做文章」，對醜處、羞處不予遮掩、躲避，反而把它放大、誇張、剖析，然後巧妙地引申發揮、自圓其說，取得一笑。沒有豁達、樂觀、超脫、調侃的心態和胸懷，是無法做到的。可想而知，自以爲是、斤斤計較、尖酸刻薄的人難以望其項背。

自貶自嘲，提升你的地位

自嘲誰也不傷害，最爲安全。你可用它來活躍談話氣氛，消除緊張；在尷尬中自找臺階，保住面子；在公共場合獲得人情味；在特別情形下含沙射影，諷刺一些無理取鬧的小人。

1. 開場白的自嘲幽默法

俗話說「萬事開頭難」，說話自然也不例外。特別是當你被要求演講時，當你路遇自己喜愛的異性，想打破僵局時，怎樣開講，總是一件很棘手的事，甚至是很難爲情的事。不過眞正遇到這種情況，你不必緊張。靜下心來想一想周圍的事物，比如天氣、衣著、長相、姓名、動物等，有沒有可發揮的話題？借題開場幽默術就是幫你解決這種困難的，你要克服怯懦、找出話題、荒誕發揮。克服怯懦、找出話題，所須的是知識準備。荒誕發揮，產生幽默是最終的目的。

一般情況下，當你的幽默效果出來了，聽衆發笑了，你們的心理距離就縮短了。這樣，再轉入正題，聽衆就會對你感興趣，放鬆心情，集中注意力去聽，所以你接下來的講話就會順當多了。

看看藝人凌峰是怎樣巧妙開場，介紹自己的。一九九〇年，大陸中央電視臺邀請凌峰參加春節聯歡晚會。當時許多觀衆對他還很陌生，可是他說完那妙不可言的開場白後，一下子被觀衆認同並受到了熱烈歡迎。他說：「在下凌峰，我和文章不同。雖然我們都獲得過『金鐘獎』和最佳男歌星稱號，但我以長相難看而出名……一般來說，女觀衆對我的印象不太好，她們認爲我是人比黃花瘦，臉比煤炭黑。」這一番話戲而不謔，妙趣橫生，令觀衆捧腹大笑。

這段開場白給人們留下了非常坦誠、風趣、幽默的良好印象。不久，在「金話筒」之夜文藝晚會上，只見他滿臉含笑地對觀衆說：「很高興見到你們，很不幸又見到了我。」觀衆報以熱烈掌聲，至此，凌峰的名字傳遍中國。

凌峰使觀衆由陌生到熟悉，由熟悉到喜歡，很大程度上要歸功於他那幽默的開場白，借助自己的長相，不惜自嘲，但又自嘲得很有分寸，很有水準。自抑而不自賤，明貶而實爲暗揚。

2. 拿自己的缺點「開刀」

人際來往中，在人前蒙羞，處境尷尬時，用自嘲來對付窘境，不但很容易找到臺階，而且多會產生幽默的效果。所以自我解嘲，自己先笑起來，是很高明的一種脫身手段。

傳說古代有今石學士，一次騎驢不愼摔在地上，一般人一定會不知所措，可這位石學士不慌不忙地站起來說：「虧我是石學士，要是瓦的，這不摔成碎片？」一句妙語，說得在場的人哈哈大笑，自然這石學士也在笑聲中免去了難堪。以此類推，一位胖子摔倒了，可說：「如果不是這十身肉托著，還不把骨頭摔斷了？」換成瘦子，又可說：「要不是重量輕，這一摔就成肉餅了！」

有一個矮個子學者的妻子嘲笑丈夫身材太短，這位學者笑著說：「我看還是矮點好，我如果不是一米五七，現在能夠著作等身嗎？」話畢，全場叫絕。

由此可見，自嘲時要對自己的某個缺點猛烈開火才容易妙趣横生。就這份氣度和勇氣，別人也不會讓你孤獨自笑，一般會陪你笑上幾聲的。在社交中，當你陷入尷尬境地時，藉助自嘲往往能使你從中體面地脫身。在某俱樂部舉行的一次招待會上，服務員倒酒時，不愼將啤酒灑到一位賓客那光亮的禿頭上。服務員嚇得手足無措，全場人目瞪口呆。這位賓客卻微笑地說：「老弟，你以爲這種治療方法會有效嗎？」在場的人聞聲大笑，尷尬局面即刻化解了。這位賓客藉助自嘲，既展示了自己的大度胸懷，又維護了自我尊嚴，消除了恥辱感。

由此可見，適時適度地自嘲，不失爲良好修養，也是一種充滿魅力的交際技巧。自嘲能製造寬鬆和諧的交談氣氛，使自己活得輕鬆灑脫，使人感到你可愛的人情味，有時還能更有效地維護面子，建立心理平衡。

第一印象，突出重圍

當你到了一個新環境當中，與素不相識的人初次見面，必定會給對方留下某種印象，這在心理學上叫做「第一印象」。從第一印象所獲得的主要是關於對方的表情、姿態、儀表、服飾、語言、眼神等方面的訊息。它雖然零碎、膚淺，卻非常重要。因爲在先入爲主的心理影響下，第一印象往往能對人的認知產生關鍵作用。研究顯示，初次見面的最初四分鐘，是印象形成的關鍵期。

美好的第一印象是一筆無價的財富，也是打開局面最好的武器。怎樣才能給人良好的第一印象呢？

1. 充滿自信、朝氣蓬勃

自信是人們對自己才幹、能力、知識素質、性格修養，以及健康狀況、相貌等的一種自我認同和自我肯定。心理學家指出，一個人要是走路時步履堅定，與人交談時談吐得體，說話時雙目有神，目光正視對方，善用眼神交流，就會給人自信、可靠、積極向上的感覺。

2. 不卑不亢

不亢，就是不驕傲自大；不卑，就是不卑躬屈膝，做出討好、巴結別人的姿態。前者引起別人反感，後者則有損自己人格。不宜因爲渴望達到目的而表現出諂媚的樣子。

3. 儀表大方得體

有些人習慣於不修邊幅。這本來屬於個人私事，不過在一個新環境裡，別人對你還不完全瞭解，過分隨便有可能引起誤解，產生不良的第一印象。美國學者發現，職業形象較好的人，其工作的起薪比不大注意形象的人要高出八%至二〇%。當然，衣著儀表得體並不是非要用名牌服飾包裝自己，更不是過分修飾，因爲這樣反而給人油頭粉面和輕浮淺薄的印象。

4. 言行舉止彬彬有禮

禮貌就像是你的一張臉一樣，別人可以從中看出你的素質，這是給別人留下美好第一印象的重要因素，比如，語言表達簡明扼要，不亂用詞語；別人講話時，不隨便打斷；不追問自己不必知道或別人不想回答的事情。

5. 守信守時

凡是答應人家的事，一定要辦到。自己沒有把握的事情，即使不便當面拒絕，講話也要留有餘地。爲了討好別人，明明辦不到的事情也包攬下來，只會弄巧成拙，最終引起別人不滿。講信用還包括遵守時間，赴約、開會不遲到，要不然會給人做事不講信用的感覺。

策劃最佳第一印象的談話技巧

要想策劃最佳的第一印象，就必須打一場有準備的仗，迅速把握環境中透露出來的各種訊息，然後點石成金作爲你的話題，成爲打開你們心扉的橋樑，從而讓對方相信你。美好的形象固然非常重要，但是恰當的談話內容更是關鍵。俗話說得好，「好馬出在腿上，好人出在嘴上」，只要你能夠說出很好聽的話，說得恰如其分，就很容易掌握交際的主動權。初次見面，雖然彼此間所知有限，但一些外部上的特徵給我們提供交談的資訊，我們可以有選擇地尋找談話題目。

1. 對方的年齡性別特徵

初次見面的人，如果能用心瞭解對方的興趣愛好，根據年齡性別特徵選擇話題，會使對方非常感興趣。它能縮短雙方的距離，加深對方對你的好感。例如，和中老年人談健康長壽，和少婦談孩子、減肥，以及談大家共同關心的寵物等，即使自己不太瞭解的人，也可以談談新聞、書籍等話題，這都能在短時間內給對方留下深刻印象，如：「最近新出一種健康茶，您試過嗎？」「您每天都做什麼健身運動？」等等。

2. 從日常話題說起

著名作家丁．馬菲說過：「儘量不說艱深難懂的話語，而以身旁的瑣事爲話題作開端，是促進成功人際關係的鑰匙。」一味談些令人咋舌與吃驚的話，容易使人產生華而不實、鋒芒畢露的感覺。大凡受人愛戴與信賴的人，多不屬於才情煥發、以驚人之語博得他人喜愛的人。日常生活的話題比較容易引起共鳴。比如，當你知道了對方的出生地後，可以說：「那個地方我去過。」這樣一來，對方馬上就可能產生親切感。你肯定有過這樣的體會，就是當你知道對方和自己是同鄉或是校友時，即使是初次見面，也會一見如故，並能輕鬆愉快地與之交談。

3. 不要輕易否定對方

初次見面是建立良好人際關係的重要階段，在這種場合，對方往往不能冷靜聽取意見、建議並加以判斷，如果輕易否定對方，就容易招人反感。因此，初次見面應當儘量避免否定對方的行爲，這樣才能建立親密的人際關係。

4. 瞭解對方所期待的評價

人們往往都不滿足自己的現狀，然而又無法加以改變，因此只能各自持有幻想中的形象，或期待中的目標，並且非常希望他人肯定自己，比如胖子希望看起來瘦一些，老人想要顯得年輕些，急欲提拔的人期待出人頭地的一天等。瞭解對方的想法及其所期待的評價，就會在交談過程中投其所好，這樣對方就會對你產生好感，產生與你親近的願望。

小李與小張同是小王的朋友，初次見面，小李深知小張正在接受減肥療程，便對小張說：「你看起來好像比你自己說的要瘦好多呀！」小張聽了忙問：「是真的嗎？」於是愉快地同小李交談起來。

5. 引導對方談得意之事

任何人都有自鳴得意的事情。但是再得意、再自傲的事情，如果沒有他人的詢問，自己說起來也無興致。因此，你若能恰到好處地提出一些問題，定能使他欣喜，並敞開心扉暢所欲言，你與他的關係也會融洽起來。

6. 流露關注之情，表現出自己關心對方，必然能贏得對方的好感

在招待他人或是主動邀請他人見面時，事先應該多少收集一些對方的資料。這不僅是一種禮貌，而且可以滿足他人的自尊，使他感受到你的誠意和熱忱。記住對方說過的話，事後再提出來當話題，也是表示關心的做法。尤其是興趣、嗜好、夢想等，對對方來說是最重要、最有趣的事情，一旦提出來做話題，對方一定覺得很愉快。

初次談話的九大地雷區

初次交談，不能只想著如何打開對方的「話匣子」，自己卻什麼也不說。如果只有一方侃侃而談，很難做到順利交流。一般情況下，如果對方說七分，那自己就得說三分，這樣的分配最恰當。初次見面想要讓對方能夠侃侃而談，除了需要一些技巧外，還要掌握好分寸，不該問的話、不該說的話一定不要去涉及。要先將自己介紹給對方，然後再向對方發問，讓對方回答有關自己的事情。如果不這樣安排，容易演變成對方只是一味的回話而已。例如，請問您住在哪裡？平常都做些什麼消遣？家裡有幾個小孩？像這樣單向的交談，就像是警察盤問犯人一樣，會讓對方感到不舒服的。在對方說話的同時，如果能夠適時地接下話題，談出自己的看法，雙方的談話也會更加和諧自然。

如果你與剛認識或不認識的人交談，最好的辦法是從一個話題到另一個話題試著說，如果某個題目不行，再試下一個。輪到你講話時，可講述你曾經做過的或想過的事情，像是修整花園、計劃旅行等。不要因爲片刻的沈默而慌張，讓它過去即可。談話不是競賽，像跑步一樣拼命地衝到終點。

1. **要記住一些必不可少的禮貌用語和說話的禁忌。**「請」、「您好」、「謝謝」、

「對不起」、「沒關係」，這些禮貌用語對我們擁有良好人際關係有著十分重要的作用。

2. **要學會發問的方法和回答的技巧**。每個人都喜歡保持自我，問他容易回答的問題，問他喜歡回答的問題，給別人發言的機會，這一切都能給人良好的印象。

3. **掌握說話的時機**。同樣一句話，在不同的時候說出來，也許會有兩種截然不同的結果。例如，有人摔了一跤，爬起來之後，關心的問他：「你還好吧？」這樣的關心可以使兩個人之間的友誼倍增。換做是在某人事業取得極大成功，朋友們正在為他祝賀時，你貿然的一句：「你還好吧？」別人可能會以為你給他潑冷水，引起人家對你的不滿。

4. **不要背後論人長短**。人與人之間難免有意見相左之時，當面坦率講出來，容易被人接受；當面不講，背後亂講別人壞話最令人反感，因為對方會認為你也在背後議論他的短處，從而對你有所戒備。這樣是在貶低別人的同時也損害了自己的形象。

5. **不要人云亦云**。有些事情我們並不瞭解，陌生人見面更應慎重交談，有些事情紛繁複雜，如果統統不加分析地予以傳播，一則表現出自己缺少主見，二則難以讓對方建立起對你的信任感。

6. **交談中不要自詡自誇**。任何人都有或大或小的成績。然而成績應由他人去評說，一句自誇的話，往往是一顆醜惡的種子，一旦由你口中播在他人的心田，便會滋長出令人生厭的幼芽。

7. **切莫急於應答**。假如對方提出的是一個十分簡單而又極其明瞭的問題，你大可不必脫口而出，而應在對方提問完畢後半分至一分鐘才予以回答；對於一個你不想回答而又無法迴避的提問，含笑不答是最巧妙的回答。要是對方說話中出現錯誤，你想糾正，最好先肯定其中正確的成分，然後一一陳述自己的觀點。這樣，才不會使對方感到尷尬。

8. **語言要簡潔**。初次交談，不要囉裡囉嗦，更不要重複。樸實詼諧的話語，能給人以快感。但是，一個詞不管多麼新鮮，若出現過頻，也會大失光彩，使人頓覺乏味。

9. **不要急於告辭**。談話要掌握火候，在雙方談得興高采烈、融洽無間的時候提出告辭最適宜。這樣做既可節省時間，又可使對方留戀之情油然而生，心中企求能再次見面。

總之，你若能掌握以上技巧，學會與陌生人說話，對自己建立良好人際關係有著莫大的好處。商量的話、關心的話、體諒的話都會使你擁有許多的朋友。掌握了與陌生人說話的藝術，你將擁有一片廣闊的天空。

能忍則忍，避禍趨福

忍耐有時候是一種策略，忍耐不是逆來順受的退讓，也不是毫無原則的妥協，它是一種暫時性的後退，而眞正的目的是更穩當的前進。世界上沒有長勝將軍，也沒有始終佔據絕對優勢的力量，在和對方實力懸殊的情況下，忍耐是一種累積力量慢慢崛起的策略。歷史上的大英雄都曾經是一個小角色，沒有人是永遠的勝利者，在你還是一個小角色的時候，就要忍受一些苦難，這是你成長的必經之路，在忍耐中常常可以不斷地成熟起來。

1. 潛心忍耐，以待時機

懷才不遇是經常的事情，在這個時候是需要忍耐的。一是由於自己的才華沒有被人發現，也就不可能被使用；二是雖然胸懷大志，滿腹文韜武略，但是生不逢時，像姜太公那樣，不願意把自己的聰明才智用在助紂爲虐上，而要與明主相顧，如同鳥就要擇木而棲一樣，賢士要審時度勢，擇主而事。這樣就要忍受一時的貧窮、困苦，忍住自己的不得志，而不能爲了眼前的功名利益放棄自己的追求。眞正有大志的人，即使是平生不得志，也會廉潔自守，剛正不阿，不會依附權貴，更不會與奸人同流合污。不怕失敗，也不畏懼別人的嘲諷，矢志不渝地向著既定奮鬥目標前進，他就能忍受一切不公正的待遇，忍受別人無法忍受的精神折磨和肉體創傷，等待時機。在時機不對、機遇不佳的時候，要沈住氣，耐住性子，慢慢去尋找一個適於自己發展的環境，切不可操之過急。

2. 知忍巧忍，避禍得福

面對強大敵手的迫害，一個人只知道忍耐保全自身還不夠，還要忍得像樣子，忍得讓對方感到高興，才可能徹底逃脫難關。否則，雖然你做出了逆來順受的樣子，卻又透露出不在乎，就洩露對敵手的藐視，還可能招來危害！

西漢的楊惲，爲人重仁義輕錢財，爲官廉潔奉法，大公無私。可是好人很難一路平安，他正官運亨通，春風得意之時，有人嫉妒他，在皇帝面前說他對皇帝心懷不滿，表現出那麼廉正只是爲了籠絡人心，以便圖謀不軌。皇帝雖然不喜歡貪官，但更害怕有人和他唱對臺戲，哪怕你才幹再好，品德再好，如果敢對他稍有微詞，便會招來災禍。經人這麼告發，皇帝勃然大怒，把他貶爲平民。沒有讓他身首離異，就已經是大慈大悲了。楊惲本來官癮不大，又樂得清閒，雖丟了官職卻也並不感到難過。原先做官時，添置家產多有不便，現在添置一些家當，與廉政並無瓜葛，誰也抓不到什麼把柄。於是他以置辦財產爲樂，在每天忙忙碌碌的勞動中得到許多平凡生活的樂趣。他的一個好朋友聽說這件事後，預感到他這樣下去可能會鬧出大事來，就連忙給楊惲寫了一封信說：「大臣被免掉了，應該關起門來表示心懷惶恐，裝出可憐兮兮的樣子，以免別人懷疑。你這樣置辦家產，很容易引起人們的非議，讓皇帝知道了，不會輕易放過你的。」楊惲心裡不以爲然，回信給朋友說：「我認爲自己確實有很大的過錯，德行也有很大的污點，應該一輩子做農夫。農夫雖然沒有什麼快樂，但在過年過節殺牛宰羊，喝酒唱歌來犒勞自己，總不會犯法吧！」

怪不得楊惲做不好官，他竟連「欲加之罪，何患無辭」的常識也不懂。有人把他視爲眼中釘、肉中刺，又向皇帝誣告說，楊惲被免官後，不思悔改，生活腐化，而且最近出現的那次不吉利的日食，也是他造成的。皇帝不問青紅皂白，命令速將楊惲緝拿歸案，以大逆不道的罪名將他腰斬了，他的妻兒子女也被流放到酒泉。

即使是最兇惡的老虎，看到對手已經表示屈服，也會停止攻擊。楊惲卻沒有接受教訓，還要置家產、搞活動、交朋友，這不是明擺著唱對臺戲？楊惲不能忍住自己的不滿情緒，不會提防皇帝和敵人抓住自己不滿的把柄，終於釀成了自己被殺、家人遭流放的悲劇。

意氣用事是人生的殺手

「忍一時風平浪靜」，是古人留下來的訓誡，直到今天，這個信條仍然是做人做事的重要法則。尤其年輕人血氣方剛，常常爲了一時意氣做出不恰當的事情，最終後悔莫及。有多少人一生不懂得用理智的韁繩控制情緒的野馬，一輩子任憑意氣行事。痛快倒是一時痛快，卻造成了多少彼此的深刻傷害，招致了許多慘重的損失！有的人因爲受了上司一點不公正的批評，便情緒衝動，憤然一走了之，丟了工作，生活從此漂泊無著，一步步陷入困境；有的人與戀人發生了點衝突，一時賭氣扭身而去，一去杳無音訊，他年相逢，已是人各有屬，隔河相望，愧悔何及；有女人於悲憤無奈之時，摔碟子砸碗，撒潑打滾，找人告狀，上大街潑罵，就想拼個魚死網破；有人因小事而拳腳相加，以毆打解決問題，結果小事演變成大事，釀成一連串的苦果，叫你一輩子脫不盡關係。人之魯莽不智如此，令人扼腕。同樣的悲劇，古代有，今天有，綿綿不絕；鄉間有，城裡也有，盈耳塞目。

不僅僅是小人物，大人物也常常犯同樣的錯誤。三國時，劉備聞知關羽父子被呂蒙所殺的凶訊，急火攻心，不顧大局，盡起蜀國七十餘萬大軍，欲殺奔東吳復仇。大將趙雲諫阻，劉備不聽；學士秦宓苦諫，劉備欲將其斬首。諸葛亮聞知，即上表救秦宓，勸阻劉備云：「願陛下納秦宓之言，以養士卒之力，別作良圖，則社稷幸甚！天下幸甚！」劉備一向對諸葛亮敬重如師，言聽計從，這一回卻擲表於地，說：「朕意已決，無得再諫！」大有不顧一切的拼命勁頭。劉備這一舉，是蜀國從蒸蒸日上走向衰落的開始，也是蜀吳聯手抗魏大局被破壞、最終被魏國各個擊破的開始，可謂非常不智。此後雖有諸葛亮的慘澹經營，苦苦支撐，但終於回天無術，蜀國從此走向了滅亡。

大至國事，小到家事，多少人間悲劇、慘劇、鬧劇，皆源於關鍵時刻的失誤、錯誤決斷；而這些致命的失誤，又源於人的情緒衝動、無理智、不成熟。可見意氣用事確爲人生的一個蒙面殺手。這個殺手藏在人的心裡，人們往往對它不經意，缺乏警惕。

眼觀六路，耳聽八方

人生在世，不論你從事什麼行業，首先要學會的就是如何和人打交道，因爲你是衆多人群中的一分子，是非常渺小的一粒沙、一滴水，首先要適應這個社會才能做好自己的事情。人和人之間的事情是最複雜的，因此要非常機巧靈活，你要善於察言觀色、善於見風使舵、善於隨機應變、善於眼觀六路耳聽八方，抓住你所能夠抓住的一切資訊，爲你所用。

1. 左右逢源，好事佔盡

晚清時期，湖南有個道台叫單舟泉。這人善於觀察，辦事機靈。有一年，一個遊歷的外國人上街買東西，有些小孩因未看見過洋人，便追隨著他。洋人很惱火，手拿棍子打那些孩子。有一個孩子躲閃不及，被打中太陽穴，沒多久就死了。小孩的父母當然不甘休，一齊上來，要扭住那外國人。外國人則舉起棍子亂打，連旁邊看的人都被打傷幾個。這洋人激起公憤，大家一齊上前捉住他，拿繩子將他捆了起來，送到衙門。因為人命關天，而且又是外國人，官方感到很棘手。

此事落到單道台手裡，他不愧是官場老手，又有豐富的辦案經驗，馬上就將賣乖絕招運用自如。一方面他認為湖南闊人很多，而且民風開放，如果辦得不好，他們會起來說話，或者聚眾為難外國人，到那時，想處治外國人做不到，而不處治又辦不到。不如先把官場上為難的情形告訴他們，請他們出來幫忙圓場。只要士紳、百姓動公憤，出面同外國領事硬爭，形成僵持局面，外國領事看見老百姓行動起來，就會害怕，因為洋人怕百姓。到這時，再由官府出面，去壓服百姓，叫百姓不要鬧。因為百姓怕官，所以他們也會聽話。而外國領事見他壓服了老百姓，也會感謝官府。

主意想好，他馬上去拜會幾個有權勢的鄉紳，要他們大家齊心合力與領事爭辯。倘若贏了，不但百姓伸冤，而且為國家爭了面子。此話傳出去，大家都說單道台是一個好官，能維護百姓利益。他又來到領事處，告訴領事，如果案子判輕了，恐怕百姓不服。外國領事聽他這麼說，又看著外面聚集的人群，果真感到害怕。單道台又說：「貴領事也不必太害怕，只要判決適當，我盡力去做百姓的工作，不會讓他們胡鬧。」案子判了下來，自然也是虎頭蛇尾。但單道台卻兩面得到好處：撫台誇他處理得好，會辦事；領事心裡感激他壓制百姓，沒有鬧出事來，於是替他講好話；而士紳們，也一直認爲他是維護百姓的。

這種迎合雙邊心理的賣乖關鍵在於主動操縱人心，善於抓住雙方的心理巧妙圓場，兩頭得利。可見只要討好功夫做到家，辦事再主動一些，甘蔗也可兩頭甜。

2. 根據對方的眼神決定你的行事

從醫學上來看，眼睛在人的五種感覺器官中是最敏銳的，大概占感知領域的七〇％以上，因此被稱爲「五官之王」。孟子云：「存之人者，莫良於眸子，眸不能掩其惡。胸中正，則眸子順，胸中不正，則眸子眩。」從眼睛裡流露出眞心是理所當然的，因爲眼睛是心靈之窗。

深層心理中的欲望和感情，首先反映在視線上，視線的移動、方向、集中程度都表達不同的心理狀態。觀察視線的變化，有助於人與人之間的交流。爬上窗臺就不難看清屋中的情形，讀懂人的眼色便可知曉內心狀況。

你見他眼神沈靜，便可明白他早已成竹在胸，定操勝算；如果你見他眼神散亂，便可明白他毫無辦法，徒然著急是無用的；如果你見他眼神橫射，彷彿有刺，便可明白他異常冷淡，如有請求，暫且不必向他陳說，應該從速藉機退出，即使多逗留一會兒也是不適的。

你見他眼神陰沈，應該明白這是兇狠的信號，你與他交涉，須得小心一點。他那一隻毒辣的手，正放在背後伺機而出。如果你不是早有準備想和他見個高下，那麼最好從速鳴金收兵。

你見他眼神流動異於平時，便可明白他是胸懷詭計，想給你苦頭嘗嘗。這時應步步為營，不要輕近，前後左右都可能是他安排的陷阱，一失足便跌翻在他的手裡。不要過分相信他甜言蜜語，這是毒物外的糖衣，要格外小心。

你見他眼神呆滯，唇皮泛白，便可明白他對於當前的問題惶恐萬狀，儘管口中說不要緊，他雖未絕望，也的確還在想辦法，卻一點也想不出所以然來。

你見他眼神似在發火，便可明白他此刻是怒火中燒，如果不打算與他決裂，應該表示可以妥協，速謀轉機。否則，再逼緊一步，勢必引起正面的劇烈衝突了。

你見他眼神恬靜，面有笑意，可明白他對於某事非常滿意。你要討他的歡喜，不妨多說幾句恭維話，你要有所求，這也是個好機會，相信一定比平時更容易滿足你的希望。

你見他眼神散亂，神不守舍，便可明白他對於你的話已經感到厭倦，再說下去必無效果，你應趕緊告一段落，乘機告退，或者尋找新話題，談談他所願聽的事。

你見他的眼神凝定，便可明白他認爲你的話有一聽的必要，應該照你預定的計劃，婉轉陳說，只要你的見解不差，你的辦法可行，他必然是樂於接受的。

要是你見他眼神下垂，連頭都下傾了，便可明白他是心有重憂，萬分苦痛。你不要向他說得意事，那會加重他的苦痛，你也不要向他說苦痛事，因爲同病相憐越發難忍，你只好說些安慰的話，並且從速告退，多說也是無趣。

如果他的眼神上揚，便可明白他是不屑聽你的，無論你的理由如何充分，你的說法如何巧妙，還是不會有好的結果，不如戛然而止，退而求接近之道。

總之，眼神有散有聚，有動有靜，有流有凝，有陰沈，有呆滯，有下垂，有上揚，仔細參悟之後，必可發現人情畢露。

3. 根據人的穿戴辦事

人本來是赤裸裸來到這個世界上的，爲了隱藏自己的廬山眞面目才穿衣服。但是人類不曾想到，爲了要穿上自己喜愛的衣服，包括顏色、質料，反而把自己毫無掩飾地呈露出來了。因爲每個人所選購的衣服把自己的心理狀態表現得袒露無遺。

・衣著華麗者自我表現欲強，愛出風頭

在大庭廣眾之中，我們可以發現某些人總是穿著引人注目的華美服飾，這種人一般有強烈的自我顯示欲，對金錢的欲望也特別迫切。所以，當你看到這類身著華服的人，要多誇獎他們的服飾，滿足其膨脹的表現欲，這種人就不會輕易與你爲敵。

・衣著樸素者缺乏自信，喜歡堅持己見

有一種人穿著樸素，不愛華美的衣服，這種人大多缺乏主體性格，對自己沒有信心，他們會想對別人施予威嚴，以彌補自卑感。

遇到這種人，別與他們爭執不休，因爲越是自卑的人，越想掩飾自己的自卑，越會與人喋喋不休地爭吵，以期保有剩下的一點點面子。這時候，你大可以承認他的觀點，他會感到你的寬容大度，使你取得意想不到的效果。

・喜歡時髦服裝者怕孤獨，情緒常波動

有一種人完全不理會自己的嗜好，甚至說不知道自己眞正喜歡什麼，他們只以流行爲好，向流行看齊。這種人心底常感到孤獨，情緒也經常不安。

・不理時尚者常以自我為中心，標新立異

有一種人對於流行毫不關心，他們的個性可以說是十分強硬，但也有一些人其實是不敢面對外面的花花世界，而一味地把自己關在小黑屋裡。這種人認爲，如果跟別人同調，豈不是等於失去了自我？這種人常常以自我爲中心，弄得大家深感無趣。

・突然改變服裝嗜好的人想改變生活方式，也有逃避現實的成分

公司職員小張一直穿戴固定式樣與格調的西裝，但有一天，他卻改穿瀟灑的夾克、色彩鮮豔的長褲，戴著完全不同顏色的領帶來公司上班。同事們好奇猜測：「他今天有什麼事嗎？」「他遇到了什麼問題？」

對於這種突然改變自己服裝嗜好的人，你若想與他保持良好的關係，就別拿他的服飾做文章，或者讚美他穿什麼都很不錯，相信他的心靈大門一定會向你敞開，你認同的態度比別人質疑的態度要強，也會贏得他的回報。

交友之道，能者為尊

人不能孤獨地生活，需要感情的交流。不論是豐盛的筵席，還是如畫的山水；不論是稀世的珍寶，還是華美的詩章，都不能替代友誼給人帶來的歡樂。林肯說過：「人生最美好的東西，就是同別人的友誼。」感情豐富、生機勃勃的人更喜愛結交朋友。但是請注意，建築在金錢上的「酒肉朋友」、合夥做壞事的「哥兒義氣」是不能躋身友誼殿堂的，因為它只能把人引向歧途，使人墮落。健康、積極向上的友誼才能使人眞正領悟人生的眞諦。

古希臘大哲學家蘇格拉底曾經說過：「友人是第二個自我。」朋友能夠作為自己的鏡子，眞實反映自我的朋友是最值得信任的。羅曼．羅蘭說過：「我在世上擁有兩大財富，一個是我的朋友，另一個是我自己。」每一個人都應該與自己志趣相投的人結為朋友，正所謂物以類聚，人以群分。朋友是人生的一筆財富，人說「在家靠父母，出門靠朋友」，好朋友是人生征途中棲息的長亭，也是狂風暴雨中避風的港灣，儘量去結識好朋友吧，不管你從事什麼行業，你會發現這對你有百利而無一害，土耳其有句諺語說：「一千個朋友並不多，一個敵人並不少。」

人人都渴望有很多的好朋友，但是交朋友也是一門學問，人和人之間的關係常常是很複雜的，要想朋友滿天下，還要下功夫仔細琢磨，因爲這其中有很多技巧。

1. 善於發現自己與他人的共同點

人們喜歡與自己相像的人或信任自己的人打交道。因此，在與人相處時，你應該努力尋找自己與別人在愛好、經歷、家庭背景、個人特長、職業、目標及價格等方面的共同點，並設法強調它們。人們都有這樣的心理：如果你在某方面與他相像，在其他方面也會有共同點；有了這麼多相似之處，他會很快把你當作朋友一樣信任。

2. 避免單向交流

有些人說起話來喜歡滔滔不絕，不給別人插話或回應的機會，時間長了就會使人生厭。記住，好的表述者未必是個好的溝通者。

3. 承認自己的弱點

如果你想讓人覺得容易親近，最好的方法就是以一個平常人的面目出現，讓人知道你也是有缺點或弱點的凡人，把自己的弱點告訴他人等於表達了你對他的信任，反過來看，朋友也會覺得你是在個人信用上值得信賴的人。瞭解這一原則，你與朋友的關係才會維持長久。

4. 避免說教口吻

每個人都樂意接受新鮮事物，但如果來自一個說教者，情形就不同了，它往往會引起人的反感。人在談話的時候，最想要的其實是輕鬆有趣的話題，如果別人對你說教，首先你不會感興趣，其次你會覺得對方認爲你不如他，所以會有一種屈辱感。

5. 告訴對方他在你心目中很重要

每個人都希望受到重視，因此有必要把你心目中對他人的尊重與期許告知對方。受到鼓勵的人往往會有超乎你意料的最佳表現。

6. 對別人的成功表示出由衷的欣喜

眞正有自信、有智慧的人會向對方表示眞誠的祝賀：「嘿，你眞棒。」在讚揚別人的同時，也襯托出你與對方是屬於同一級的人物。要讓別人對你有好印象，就先表示你對他們的好印象，這是成功學大師卡耐基在很早前就提出的法則——只有讓對方感到自己的重要，他才會成爲你的朋友。人們一般都喜歡談論自己周圍的事物，你要鼓勵他們，並在聽完之後表示欣賞。你欣賞別人，別人才會欣賞你，反之亦然。

7. 運用佛蘭克林式爭取朋友

佛蘭克林早年曾有一個搞出版的對頭，他想與對方化敵爲友，就向對方借一本書，幾天後佛蘭克林非常客氣地向對方還書，並藉機致謝。對方有感於他的好意，終於成爲他的好友。這種佛蘭克林式的特點是透過求助使對方感到自己的巨大與有力，當然這種求助只是舉手之勞。

8. 介紹自己時加個小尾碼

「你好，我是卡特。」這樣的介紹可能會讓對方一時反應不過來而出現冷場，你不如這樣開始：「你好，我是卡特，在舊金山球隊打球。」這個小尾碼給對方提供了進一步交談的線索。

9. 在適當的時候提一些引導性的問題

如果有人問你：「你是否也覺得新任市長幹得不錯？」你會感到這是個圈套，因爲對方希望你附和他的觀點。這類問題就是引導性問題。引導性問題的作用不可一筆抹殺，雖然這類問題有時使你顯得太過頭，但運用巧妙卻成效非凡。因此，當你對你的引導性問題產生的效果了然於胸的時候，你可以提出你自己的引導性問題。

10. 詢問對方意見，能使人暢所欲言

如果你問對方事實是怎麼回事，他可以三言兩語表述清楚，然後緘口不言。如果問對方對事實有何看法，他會娓娓道來，暢所欲言。有人頻頻發問，無休無止，對方無所適從，只能三緘其口。有人不待對方回答就轉入新話題，或是自問自答，這都會讓對方覺得你忽視了他的存在。的確，有時緊張會讓我們犯這樣的錯誤，因而在提出問題之後，你一

定要停下來，表現出非常期待對方的答案。

11. 用問題找出雙方的相似之處

雙方有相似之處才能建立良好的關係，而良好的關係對我們是那樣重要。問題的範圍越廣，越容易找到雙方的相同或相似之處。如你可以問對方最喜歡哪位女明星，喜歡到哪個國家旅遊，你們總會有相同之處。

12. 用許願來拒絕

用許願的方法拒絕他人，常常能取得很好的效果。當你拒絕參加某個聚會時，你不妨說眞可惜，這次我沒空，下次我們一定玩個痛快。這樣就會給別人一個臺階下，同時也達到自己的目的，又不會傷害別人的感情。

13. 如果是馬虎大意釀成的錯誤，不要另尋藉口為自己開脫

如果這個錯誤確實是由於你的馬虎大意、掉以輕心造成的，不要解釋和另找藉口爲自己開脫，那樣只會引來更多的指責，使事情更加難以收拾。最好的辦法是：承認錯誤，然

後道歉。

14. 稱讚的技巧

讚揚他人時，最好讚揚其行爲或貢獻。例如，最好少說「你是天下最好的丈夫」，而說「你的薪水又增加了，我好高興」。又如，與其對隔鄰的太太說，「妳的生活過得很愜意，眞是太令人羨慕了」，不如說「妳的家佈置得很雅致，那是很吸引人的家」。

15. 隨聲附和的方法

當對方講完一句話，我們「啊，是」「好極了」「哇，那還得了」的漫聲附和，並不是很高明的方式。「前些日子，我到新竹社教館去參觀書畫展，眞是琳琅滿目，美不勝收啊！」當對方講完了以上的話，你只說「噢，是這樣啊」，可就不太高明了。你應該多提一些話題，引導他繼續講下去，如「噢，是這樣嗎，參觀的人多嗎？是國畫還是水彩畫？有沒有什麼你特別喜歡的作品？」這樣的引導，能讓他滔滔不絕說下去。又如對方說：「啊，對了，你認識的田先生一家人，上個禮拜天駕車出遊，發生車禍，聽說有人還受了傷呢！」你也不能光說：「噢，有這種事？」不管怎麼簡短，你就是要繼續說下去：「那真可怕，駕車出遊應該小心，尤其是帶著家眷的時候更是馬虎不得。」或是：「那真是很遺憾的事情，但願他們傷勢不重，一家人都能平安。」總之，附和對方的話要饒有興趣，使他有講話的動力，你們之間的對話當然會越說越精彩了。

把握與朋友交談的美妙旋律

與朋友交談是非常舒服的事情，就像奏響一曲美妙的音樂一樣，使人感到非常的爽快和愉悅。要想奏響這樣美妙的旋律，就必須熟練掌握談話的技巧和談話中應當注意的事情。

1. 放鬆情緒

約翰．莫菲指出：「我們不要硬是透過深思熟慮從頭腦中擠榨出一些警句和名言。當我們放鬆下來，不用恐懼的時候，這些名言妙句就會自然而然地迸發出來……」可以這樣說，甚至在最新鮮的談話中，也有五〇％的內容不僅是陳舊的，而且毫無意義，至少在談話的最初階段是這樣。經過一段「加熱」過程，思想的車輪轉動起來，談話就會很快言歸正傳。

2. 豐富交談的內容

不要期望對方一開始就熱情高漲，善問者總是等到對方變得熱心以後，才試圖從他們那裡引導出一些有趣的想法。例如，他們先問：「那麼，請問您尊姓大名？您是哪裡人？您準備在這兒待多久？」等等，以激起對方的談話興趣。誰關心這些？你也許會這樣問。誠然，這些問題似乎沒有任何風采和智慧可言，但它們的確能使交談啓動起來。

3. 保持談話順利進行

過分依賴你能想出多少聰明的事情，或者與你有關的某些傳奇經歷，並不一定就會使你成爲交談的高手，它只會啓發、誘導別人講話。值得一提的是，「你」在談話中是一個前進的信號，而「我」則是一個停止的信號。

4. 切忌以自我為中心

無可否認，人們總是對自己的工作、家庭、故鄉、理想表現出濃厚的興趣。其實，即使像「你從哪裡來」這樣一個簡單的問題，也說明你對別人感興趣，結果會使別人也對你產生興趣。但你千萬別像一位年輕的劇作家那樣，對女朋友談論了自己和他的劇本兩個小時後，接著說：「有關我已經談得夠多了，現在來談談妳吧。妳認爲我的劇作怎麼樣？」

5. 什麼時候談論自己

談論你自己的恰當時機，是當你受到邀請和有人要求你講自己的時候。如果別人對你感興趣，他會問你。當他確實對你提出邀請，讓你談論自己時，不要守口如瓶地拒絕他。稍微告訴他一點你的情況，他會感到十分榮幸。因爲你是用非常友好的姿態與他交談，以便讓他多瞭解你的一些情況。

6. 使用「我也」這個字眼

如果他說：「我是在鄉下長大的。」你最好回答：「我也是。」或多少講一點你有關這方面的知識和經驗。

如果他說喜歡吃霜淇淋，恰好你也如此，一定要想辦法告訴他。如果他說他出生在東部的一個小鎮上，而碰巧你曾在那裡度暑假，你也一定要告訴他……

7. 忌取笑、逗弄或諷刺

逗弄和取笑的眞正目的在於觸痛別人的自尊。而威脅他人自尊的任何事情都是危險的，即使是在玩笑中進行也是如此。人們不喜歡被取笑，即使是他們的親朋密友。

只有少數情況下，在非常親密的朋友之間，才可以開一些充滿善意的玩笑。因爲他們是不會計較和追究那些無關緊要的小事的。如果別人非常瞭解你，非常喜歡你，你也可以與他開個玩笑，但千萬別開過了頭。

8. 忌口無遮攔

每說一句話之前，都要考慮一下你要說的話是否合適，不要口無遮攔，想說什麼就說什麼。說話的禁忌至少有以下幾項必須注意。

- 除非是親密的朋友，否則最好不要對個人的衛生狀況妄加評論。如果某人的肩膀上有很多頭皮屑或「口氣」很難聞，拉鏈、鈕扣沒穿好，請讓他親密一點的朋友告訴他。
- 許多人不喜歡別人問自己的年齡，尤其對女性而言，年齡是她們的秘密，不願被人提及。

・詢問關於金錢一類的私人問題，通常是不合適的，可以置之不理。

・嚼舌。在社會活動中，應以誠待人，寬以待人，要與人爲善而不要打聽、干涉別人的隱私，評論他人的是是非非。不要無事生非，捕風捉影，也不要東家長，西家短，更不要傳小道消息，把芝麻說成西瓜。說話要有事實根據，不能聽風就是雨。

・惡語傷人。所謂惡語是指那些骯髒污穢、奚落挖苦、刻薄侮辱一類的語言。口出惡語不但傷人，而且有損自身形象。

一天，小張正要下樓送一位開書店的朋友，迎面來了同學小柳。小柳一見面就劈頭嚷嚷：「哎，你不是認識個書販子嗎？快去找他幫我弄本書！」

小柳說的「書販子」，正是小張送的這位朋友。當時小張很爲難：直接做介紹吧，大家都會尷尬。無論經商在今天看來多麼體面，「販子」這個稱謂畢竟不夠尊敬；可是不做介紹吧，這位書店朋友心裡也會犯嘀咕：「敢情你背地裡這麼稱呼我，眞是知人知面難知心！」焦急中，小張靈機一動，便說：「哈哈！小柳，你說的那個人，我們早就不來往了，不過這位朋友就是興業書店經理。來來來，我介紹一下……」小張如此圓場既恰當又巧妙。俗話說：「良言一句三冬暖，惡語傷人六月寒。」因此，在社交活動中，應當尊重人，溫文爾雅，講究語言美，而不要自以爲是，出言不遜，惡語傷人。

9. 忌隨便發怒

在社交活動中，人們都願意和性格豪爽的人來往。在社交場合，除非是原則問題，不要爭得面紅耳赤。別爲一些雞毛蒜皮的小事生氣，勃然大怒，甚至翻臉，要表現出有氣量，有涵養。俗話說「氣大傷身」，發怒會傷身，對自己的形象也有不良影響。動不動就生氣的人，會失去朋友。如果有人招惹你了，你很想發脾氣，那麼請控制住自己。你可以嘗試一下散步、數數、深呼吸等活動，這樣可以平緩你的怒火，避免爭執。如果是你的錯，就應該馬上道歉；是他人的原因，就向他解釋一下，然後走開，避免不必要的對抗情緒。

方圓有道，廣結善緣

現實生活中，有些人內心方正，有些人內心圓滑，有些人對外方正，有些人對外圓滑。從這個角度來看，人的個性呈現四種形態：內方外方，內方外圓，內圓外圓，內圓外方。「到什麼山上唱什麼歌」，和不同性情的人物來往，要用不同的交際之道。

1. 對內方外方的人要誠實委婉

有些人直來直去，有稜有角，不太討人喜歡。他們往往個性太直，情太眞，血太熱，氣太傲。他們處世認眞，不留餘地；做事投入，過於突出；活力四射，難免張揚；才華過人，忘記平衡。他們堅持「是我的錯，我就承認，絕不東推西擋：是你的錯，就是你的錯，想賴也賴不掉」。這種人便是內方外方的人。表裡如一、秉公立世，是對這些人的美麗評價。忠心耿耿的屈原、剛直無私的包拯，是這類人的典型代表。如果社會上缺乏這種人，那是不堪設想的，因爲他們是空氣的清淨機，醜行的絆腳石。

同這種品性的人物交往，一要誠實。內方外方的人不會口蜜腹劍，不會陽奉陰違，是個值得信賴、值得尊重的人物，所以要待之以誠，關心愛護。如果對他們虛僞猜忌，會使他們產生強烈反感，他們還會把這種不滿表現在臉上，使你們之間的心理距離擴大。二要委婉。內方外方的人做事不靈活，言辭不變通，往往會使人陷入難堪境地，所以和他們來往，要注意婉轉。看到內方外方的人口無遮攔、尖銳抨擊時，要採用合適的方式轉移主題或者幽上一默，讚揚一句，巧妙地加以引導。內方外方的人是心地純正、剛直無私的人，不應該因為他們曾經「刺傷」過你，就對他們計較、發火。

有位內方外方的大作家在如日中天的時候，接到一位青年的來信。這位青年說，要同他合寫一部小說。大作家看後，心中有點生氣，他在信中毫無保留地寫道：「先生，你怎麼如此膽大包天呢？竟然想把一匹高貴的馬和一頭卑賤驢子套在同一輛車上。」這位青年靈機一動，在回信的開頭寫道：「尊敬的閣下，您怎麼這樣抬舉我呢，竟然把我比作馬？」在信的後半部分，這位青年將自己的寫作特長、潛力，合作的必要性、可行性以及對青年成長的影響等等一五一十地寫出來。大作家接到信後，哈哈大笑起來，立即回信道：「我的朋友，您很有趣，請把文稿寄過來吧，我很樂意接受您的建議。」在這個事例中，青年曲解原意，幽默風趣，言辭誠懇，出奇制勝，說服了大作家。

2. 對內方外圓的人要有禮有節

當直來直去會傷害別人自尊心，當有稜有角會使自己陷入難堪境地，當方方正正不能達到滿意效果，有些人會採用圓滑變通的策略。明明是正確的，應該義無反顧地堅持，但因爲堅持的阻力太大，就違心地裝聾作啞；明明是錯誤的，應該理直氣壯地駁斥，但爲了一己私利，於是默不做聲。這些人寧可苟且，凡事權衡利害，絕不感情用事。這些人就是內方外圓的人。他們潔身自好，處世練達，唯唯諾諾，謹小愼微，既有原則性，又有靈活性。因爲聰明強幹，而又鋒芒不露，喜怒不形於色，所以四平八穩，八面玲瓏，在複雜的人際和利益關係中，亦往往遊刃有餘。在大廈將傾之際，內方外圓的人會和內方外方的人共同構成支撐瀕危建築的樑柱。

同這種品性的人物來往，一要有禮有理。內方外圓的人雖然表面隨和，但內心厭惡粗魯，仇視邪惡，無禮又無理的人是不能和這類人結爲至交的。如果想縮短同這類人的心理距離，就必須表現出你積極、健康、向上的心態。二要有節有度。內方外圓的人，即使對他人相當反感，也不會把不滿情緒表現在臉上，他表面上對你很友好，但內心究竟如何卻使你捉摸不透。因此，同他們來往，要講究分寸，把握適度，不要因爲他的臉上掛著微笑，就得寸進尺，忘乎所以。

一位富有的華僑雷先生，想到貧窮落後的故鄉考察開工廠。接待他的王鄉長非常熱情，先是請他到酒店小聚，雷先生只好「入鄉隨俗」。但雷先生不擅飲酒，幾杯下去，就面紅脖粗，搖頭拒飲了。可是王鄉長爲善盡自己的「地主之誼」，說盡好詞，勸其「再進」、「再進」一杯酒。雷先生不忘自己的謙謙君子風範，就勉強地多喝了幾杯。酒後，王鄉長爲表達自己的「好客之情」，力邀雷先生唱卡啦OK。雷先生不喜歡唱歌，但爲了不傷及王鄉長的自尊心，便陪他折騰了一個晚上。第二天，雷先生留下了一萬元，用以支付昨天的招待費，便離開了這塊貧瘠的家園。王鄉長非常納悶，雷先生一直興致勃勃，爲什麼會突然離開呢？唉！王鄉長不明白雷先生的特點：內心方正，看不慣王鄉長的強人所難，看不慣王鄉長浪費時間；對外卻又圓通，不當面指責，不丟自己風度。如果王鄉長在接待雷先生一事上有禮有節，恰到好處，結果就大大不同了。

3. 對內圓外圓的人要有板有眼

有些人長於研究「人事」，偏重個人私利，該低的頭就低，該燒的香就燒，該拉的關係就拉，該糊塗的事就糊塗，該下手時就下手。不但爲人處世圓滑老到，而且內心對自己並無什麼約束、戒律，很少去追問人生眞正的意義。他們遇到有利的事就去搶，遇到無利的事就去推。這種品性的人物，便是內圓外圓的人。與內方外圓的人不同的是，他們一般不會同情弱者、救濟窮人，甚至爲了私利，還會算計人、歪曲人。由於他們缺少頂天立地的氣概，所以一般不會成大器。

同這種品性的人來往，要有板有眼。由於他們內心深處並無什麼必須遵守的做人原則，所以可能幹出表面華麗亮堂、實則損人利己的伎倆。對他們的不當做法，應該明確指正，別不好意思將實情說出口，使自己受委屈。另外，與內圓外圓的人合作，要有所保留，有所提防，不要過於相信他們。內圓外圓的人非常清楚自己的缺點，所以也害怕別人不講義氣，不守諾言。因此，和這樣的人打交道，要清楚示意他們——如果你講信用，那麼我就守諾言。在這種做法引導下，能夠使他們在正確交際軌道上「行駛」。

某公司的王二，是典型內圓外圓的人。同事到外地出差，王二笑嘻嘻地請其給他捎帶某某商品。同事把買來的商品送到他手上後，王二即恰到好處地忘記給錢。過了十天半個月，王二跟沒有人似的問道：「我給你錢了吧！你可別不好意思。」誰能爲百八十塊的錢兒跟他認眞呢？這樣，王二就白白賺了同事一個小便宜，他爲自己略施小計獲得成功高興不已。在這個事例中，王二抓住了人們的弱點，去獲取小小的私利。對此，王二的同事應該把實情說出口，明確指出王二確實沒有給錢。如此的話，既不會使自己受到損失，也不會得罪王二這個人。

4. 對內圓外方的人要靈活變通

有些人張口是人民利益，閉口是黨紀國法，骨子裡卻裝的是男盜女娼、個人私利。他們在臺上慷慨激昂，儼然一副正人君子模樣，台下卻幹些烏七八糟、見不得人的醜事。這種人在人前渾身都是一派正氣，心裡卻非常清楚自己是一個什麼樣的人物。這樣品性的人，便是內圓外方的人。因爲搞言行兩張皮，玩弄兩面術，所以極具欺惑性。生活大舞臺上，他們是出色的演員。罩著金色光環的貪官、披著華麗外衣的惡人，就是這種人的典型代表。他們很會包裝自己，如果剝開這層包裝，就會原形畢露。「金玉其外，敗絮其中」，是對他們恰如其分的評價。

同這種品性的人來往，要靈活變通。由於他們嘴上一套，心裡一套，所以和他們打交道，既不能不聽他們說的，又不能完全相信他們說的，如何交往，運用什麼策略，採用什麼方式，說出什麼內容，要根據當時情況靈活變通，切不可被他們的「精彩論述」迷住了雙眼，進入死胡同。與這類人來往，首重根據各方面資訊，分析出他的眞實內心，然後再對症下藥，巧妙引導。如此做，就能夠把他們帶到正確的軌道上。

狐假虎威，巧借靈光

借光由來已久，中國自古有很多詭智謀略與之有關，比如狐假虎威、攀龍附鳳、借刀殺人、拉大旗作虎皮等等。我們略加留意就會發現，傳統上對借光術評價不高，爲君子不齒。誠然，小人慣會沾光行騙，欺世盜名，狗仗人勢，但這並非借光本身的錯誤。只要動機純正，借助各種外力提高自己的知名度和辦事效果，是被社會所認可的。我們不可妄加指責，斥其一無是處。

很多人一提借光便以爲是借某人的勢力，其實這是片面的認知。借權貴名流爲自己所用，只是借光的常見形式，實際上凡是能讓我們爲人做事增光添彩的人、事、物都是借光的範圍，比如祖宗、衣服、籍貫、才智、言論等等，不一而足。在現代社會中，尤其是在商業領域裡面，有很多借光的案例，正如坐汽車的人之所以跑得快，是因爲借用汽車這種先進的交通工具；站在山上看得遠，是因爲站的地方比較高。

1. 巧借「貴人」辦事

清政府的官場中歷來靠後臺，走後門，求人寫推薦信。軍機大臣左宗棠從來不給人寫推薦信，他說：「一個人只要有本事，自會有人用他。」左宗棠有個知己好友的兒子，名叫黃蘭階，在福建候補知縣多年也沒候到實缺。他見別人都有大官寫推薦信，想到父親生前與左宗棠很要好，就跑到北京來找左宗棠。左宗棠見了故人之子，十分客氣，但當黃蘭階一提出想讓他寫推薦信給福建總督時，頓時變了臉，幾句話就將黃蘭階打發走了。黃蘭階又氣又恨，離開左相府，就閒踱到玻璃廠看書畫散心。忽然，他見到一個小店老闆學寫左宗棠字體，十分逼眞，心中一動，想出一條妙計。他讓店主寫柄扇子，落了款，得意洋洋地搖回福州。

這天，是參見總督的日子。黃蘭階手搖紙扇，徑直走到總督堂上，總督見了很奇怪，問：「外面很熱嗎？都立秋了，老兄還拿扇子搖個不停。」黃蘭階把扇子一晃：「不瞞大帥說，外邊天氣並不太熱，只是我這柄扇是我此次進京，左宗棠大人親送的，所以捨不得放手。」總督吃了一驚，心想：我以爲這姓黃的沒有後臺，所以候補幾年也沒任命他實缺，不想他卻有這麼個大後臺；左宗棠天天跟皇上見面，他若恨我，只消在皇上面前說個一句半句，我可就吃不住了。總督要過黃蘭階扇子仔細察看，確爲左宗棠筆跡，一點不差。他將扇子還與黃蘭階，悶悶不樂地回到後堂，找到師爺商議此事；第二天就給黃蘭階掛牌任了知縣。黃蘭階不到幾年就升到四品道台。總督一次進京，見了左宗棠，討好地說：「宗棠大人故友之子黃蘭階，如今在敝省當了道台了。」左宗棠笑道：「是嘛！那次他來找我，我就對他說，『只要有本事；自有識貨人。』老兄就很識人才嘛！」黃蘭階能夠官拜道台，是以左宗棠這個大貴人為背景，讓總督這個小貴人給他升了官，實在是棋高一著的鬼點子。當然，欺世盜名，瞞天過海，是應該遭受譴責的，清政府的官場腐敗也令人驚詫而痛恨。

單從借力的角度，為自己尋求一些貴人作為背景，從而使自己儘快得到提拔，英雄有用武之地，是很值得研究。以下結合現代社會的特點，提供四項具體可行的建議：

(1) **找尋貴人**

找出在層級組織中職位比你高且能幫助你晉升的人。有時你得費心地去分辨誰具有這種能力。你或許以為，你的晉升取決於頂頭上司對你的評價，這觀念或許沒錯，但是更高的管理階層可能不信任你頂頭上司的推薦和好惡。所以，不要太膚淺，仔細深入觀察，你將能找到幫助你晉升的貴人。

(2) 激勵貴人

不激勵貴人等於沒有貴人。你得先明白在層級組織裡，貴人幫助你往上晉升後他有什麼好處，如果他不幫助你晉升，他有什麼損失。

(3) 以退為進

康莊大道永遠是最好的途徑。試想你正置身於游泳池內，你努力往高處的跳水板爬，可是當你爬到半途時，前面一名也想跳水的人擋住了你的去路。那人爬到一半便已失去勇氣，雙眼緊閉，死命地抓住欄杆，既不會掉下來，也不再向上爬，而你就是無法超越他，這時，站在跳水板上的朋友雖然拼命爲你喊加油，結果還是無濟於事。

同樣地，在工作上的層級組織中，如果你的上一層職位被某一個不勝任者佔住，那麼你花再多力氣，或你的貴人再有心提拔你，也都將徒勞無功。

爲了到達跳水板頂端，你必須爬下那座被堵塞了的階梯，橫越到另一側沒有障礙的階梯，然後再順利爬上頂端。同樣地，在層級組織中，你必須離開擋路人那條升遷管道，然後從另一個沒有阻礙的管道往上晉升。如果那人仍有資格獲得晉升，他便不算是擋路人，而你也不必躲開他。只要稍加忍耐，多等一些時日，他將獲得晉升，屆時出現空缺，你的貴人便能立即提拔你。

(4) 爭取多位貴人的提拔

多位貴人的共同提拔，可產生相乘的提拔效果。相乘效果的產生，是由於這些貴人在他們的談話裡，不斷互相強化你的優點，因而使他們決心提拔你。假使你只有一個貴人，你便得不到這種強化的效果。所以，擁有多位貴人便容易獲得晉升的機會。

2. 要借大樹來乘涼

在現代社會，借力這種手段已在政治、經濟、文化以及外交等領域廣泛運用，而且大有日趨擴展之勢。對於人際交往，它不失爲一種提高自身形象、擴大自己影響的策略和技巧。你可以巧借名人，如談話中常說出一些身份地位高的人名，你在別人眼裡就不同尋常；巧借名地，如提到有身份的人常去的地方，這也可以作爲提高你身份、能力的資本；巧借名言，如請社會名流爲你題個詞，請專家教授爲你寫的書作個序，請明星爲你簽名等等。被社會承認，是人的正當追求，而借助名人提高自己的社會知名度，就是被社會所承認的方式之一。

翻開歷史，古往今來的成功者誰也不是一生下來就大名鼎鼎，一出山就風光耀眼、一呼百應。他們大多總是先隱蔽在某些大人物的後面，借人的面子來籠絡各路豪傑，借人的聲望來壯大自己的聲勢，一旦時機成熟，或者另起爐灶，或者踩著別人的肩膀往上爬，或者反客為主，把別人吃掉。在做到這一步之前，先把自己的狐狸尾巴藏起來，拉一面大旗作虎皮。

最為典型的是三國曹操。曹操挾天子而令諸侯，東征西伐，很是威風。開口「吾今奉詔討汝」，閉口「孤近承帝命，奉詔伐罪」，於軍閥混戰中大大佔了道義上的便宜。秦末農民起義，項梁不惜找到楚懷王的一個孫子，推為楚王，便是想借楚懷王的影響吸引百姓，因為這些人的號召力比一般人要大得多，順手拈來是件事半功倍的事兒。

3. 巧用攀高心理辦事

許多人都崇尚名人，對名人的話俯首恭聽，唯命是從。這是因為生意場上若能使自己的商品與某個名人掛鉤，銷路自然大。

許多商業廣告喜歡用名人而不惜重金，實際上也是借力的應用。有頭有臉的人都喜歡用的東西，普通人心理上容易認同：「我和某某用的是同一個品牌。」同樣是消費，多一層攀龍附鳳的光環，自然很多人願意借這個光。攀龍附鳳之心大部分世人都有，誰不希望有個聲名顯赫的朋友，如果能躋身於他們的行列，自己便也沾上了榮耀，在別人眼裡就身價大增了。

4. 小事可以沾「大光」

蔣介石去世那年，蔣緯國的軍銜是中將，這已是他當上中將的第十四個年頭。根據國民黨的規定，當了十四年中將若還未晉升爲上將，則應強制退役，軍銜也隨之取消；上將則是終身制。時任總統的蔣經國並不打算給蔣緯國晉銜，爲此蔣緯國想了個辦法。

其時，蔣介石的喪事已經結束，宋美齡準備赴美國安居。臨動身那天，蔣氏兄弟前往送行。蔣緯國特地提早趕到官邸，他一改往日穿西裝的習慣，穿了一套軍服，還配戴了全套勳章，一進門就向宋美齡行軍禮。以前，蔣府每年逢蔣介石、宋美齡的生日，除夕吃團圓飯，端午節和中秋節都要聚會，所有的人都穿便服，因此宋美齡對蔣緯國的舉動覺得奇怪。

蔣緯國一本正經地回答道：「因爲再過不久，我就沒有資格穿軍裝了，所以今天給媽送行，特地讓媽看看我穿軍裝的模樣。」宋美齡追問道：「爲什麼？」蔣緯國就簡單地說了一下軍中強制限齡退役的制度。

宋美齡在大陸時，就不問軍中之事，到了臺灣更是不聞問，限齡退役這種事，她還是第一次聽說，於是問道：「那何敬之（應欽）爲什麼可以繼續穿？」蔣緯國說：「那是上將，終身制。」宋美齡終於明白了。這時，蔣經國也到了。蔣緯國一見他，也站起來行了個軍禮。蔣經國皺皺眉頭道：「在家裡幹什麼來這一套？」蔣緯國還來不及回答，宋美齡已經開腔了：「緯國做軍人還可以嗎？」蔣經國不知前面已有文章，隨口說：「他本來就是軍人，幹得很出色呀！」宋美齡問道：「既然他幹軍人很出色，爲什麼要辦報請退役手續？」蔣經國這才知道是爲這門子事，只好說：「緯國中將期齡到了，不過我馬上準備交代給他辦升上將的事情。」就這樣，蔣緯國總算升爲上將。蔣緯國升爲上將所借之「光」有直接的，比如他的身世，也有其他類型的「光」，如他的口才、衣服等等。具體地講，一個人借光的來源不一定是直射的，有些「光」雖令人覺得不那麼明顯，卻仍是威力，不可小看。

第三章 魚道本無痕

大道無痕，大智無形。
魚兒游過不留痕，每一條路徑都是偶然與必然的結合。
人在旅途，自有通天大道可走，亦有曲折小徑可行，
在這些路上，人來人往千百年最終不留痕。
無形的智慧隨著過客流淌，被人們默默地記憶、應用和更新。

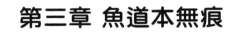

善用微笑，柔能克剛

微笑，是一種語言，在微笑中，人的心靈得到了溝通；在微笑中，人的情感得到了昇華。微笑，表明了理解，傳遞了友誼，代表了讚美、祝願。

你與同學、朋友之間有了點摩擦，而責任又在對方，當對方向你表示歉意，或對你解釋說明，或做出希望和好的暗示時，你的微笑是一種理解；當你的同學、朋友向你興奮地講述他的成績時，你的微笑就是一種友誼的表示，說明你與他一樣高興；當對方膽怯時，你的微笑就是一種鼓勵；當你的同學、朋友在某次競賽中獲勝，或在某次實驗中取得成功時，你的微笑則是一種無聲的讚美……

一小有名氣的演講者，回憶了自己的第一次演講。那時面對數百名聽眾，她確實有點心慌。在幾乎是背完了演講稿的開頭一段後，她突然忘了下面的內容。這下子她更緊張了。就在緊張四顧時，她發現台下前面幾排的中間坐著她的老師。老師微笑看著她。她從微笑中得到了鼓勵與自信，終於想起了要講的內容，而且心頭篤定多了。她終於順利結束了演講，贏得了掌聲。微笑，幫助一個演講者成功邁出了第一步。

在許多場合，微笑確實可以發揮通常的語言難以起到的作用。

當對方無端或因誤解而對你發脾氣時，你不要急於解釋，當然更不能因此也發脾氣，可以先微微一笑，對方也許會因此降溫，至少不會使衝突激化。當你與同學、朋友為一個問題爭執而無法（或沒必要）再爭下去，你也可以微微一笑。再者，當對方提到了某個問題，你無法迴避又不想直接回答時，最好的辦法也是微微一笑。微笑，往往具有救急和緩解的妙用。許多事情在微笑之後，在氣氛得到緩和以後再做，效果會更好些。

容貌歧視是複雜人性中的普遍弱點

「悅目情結」和「容貌歧視」問題，把矛頭直接指向了人性的弱點。毫無疑問，人都無法迴避自身存在的「愛美之心」。

美國作家史蒂文．傑菲斯經過多年調查研究寫出《外貌至上》一書，以翔實的資料印證了社會上普遍存在的「悅目情結」，並得出以下結論：「好看的人」在應徵時被錄用的機會高於「普通人」的二至五倍；「好看的人」平均薪資高出「普通人」十二％到十六％；「醜人」被解雇的可能性高於「普通人」二至六倍。客貌歧視，是衆多歧視中比較突出的一項。「愛美之心，人皆有之」這種普遍的社會心理，其間流露出的是複雜人性中的一個弱點。對這種拒絕「醜女」的行爲，輿論往往給予過多道德層次上的譴責。這是不公平、不理性的批判，隔靴搔癢，並沒有觸及問題實質。

另一位美國作家南西．埃科特夫在《美者生存》一書中告訴我們另外一些觸目驚心的事實：學校的老師喜歡給長相可愛的學生打高分；警察對違反交通規則的漂亮小姐網開一面；連犯罪分子都有可能因爲長得「慈眉善目」而得到較寬大的對待。當年尼克森與甘乃迪競選總統時進行了一場全國矚目的電視辯論。辯論結束後的調查顯示，透過收音機收聽辯論的選民，認爲說話有條有理的尼克森贏得了這場辯論，而透過電視觀看這場辯論的選民，則被甘乃迪的翩翩風度所傾倒，認爲甘乃迪是辯論的勝方。

追究這種「悅目情結」的根源，其背後是深刻的、普遍的社會心理因素和人性弱點。毫無疑問，每個人都無法迴避自身存在的「愛美之心」，而「悅目情結」和「容貌歧視」表現在現實中往往是隱性的，必須透過媒體的報導和公衆的注意加以正視。

從個人與社會的相互作用這個角度去觀察和研究整個「情結」與「歧視」問題，引導和控制社會中個人的行爲，從行爲科學的角度來提升人類文明，克服人性的弱點，才能形成健康向上的社會心理和社會風氣，從而使社會運轉有序化。這才是戰勝「悅目情結」和「容貌歧視」問題的首要途徑。

容貌不能選擇，但我們可以選擇微笑

林肯總統的顧問向林肯推薦了一位內閣候選人，卻被林肯拒絕了。問及理由時，林肯答道：「我不喜歡此人的臉。」「但這可憐的人對自己的長相是不能負責的啊！」顧問堅持道。

林肯說道：「每個四十歲以上的人，都應該對自己的容貌負責。」於是這項人事提議被棄置一邊了。

林肯的話不妨做這樣的解釋：在世上生活了四十年的人，應該有許許多多經歷在他臉上反映出來——歡樂、悲哀、失誤、生活中的風雨、痛苦、孤獨和失望的感情，還有戰勝困難的意志。

由於這些感情和精神上激變的結果，人們變得更明智、更溫良、更富同情心。他們能夠理解自己，也能理解別人，他們能夠表示出善意和同情，懷抱消除怨恨、憤怒和偏見的心願，不爲人生變幻和孤立無援而茫然失措，這才是一個頂天立地的人。

臉上是否有皺紋不足道，重要的是心靈上是否有皺紋。

叔本華說，人的面孔要比人的嘴巴說出更多東西，因爲嘴巴說的只是人的思想，而面孔說出的是思想的本質。

我們不可能人人都英俊漂亮。有些人的長相非常一般，而有些人則長得十分難看。不過衆所周知，一張美麗的面孔並不代表一顆美好的心靈。歷史上有些臭名昭著的罪犯和陰險毒辣的人就長得英俊瀟灑。毫無疑問，美貌是一種財富，但就它們本身而言，並不像人們通常所想像的那麼重要。

那麼，一個人臉上到底是什麼使得你討厭或喜歡他呢？人們對這個問題回答不一，但九〇%的人會告訴你，他們首先是被一個人的微笑吸引住的。然而，我們還是不要忘記，世上有各式各樣的微笑。有虛情假意的「交際」式微笑，就像水龍頭一樣能夠隨意開關；有常常爲掩蓋不愉快或不自在的心情而勉強擺出的微笑；也有眞誠、熱情、感激的微笑，這種微笑使得一個人普遍受到歡迎。

當然，也只有這種真誠的微笑才對我們有益，其他的笑都只能欺騙極少數人，並且很快會露出原形。這種微笑意味深長，要培養這種正確微笑並不困難，如果你能養成一種習慣，常常暢想生活中的美好，那麼這些想法就會自然而然地反映在你的臉上。顯然，人的一生中有很多時候是不大可能微笑的。這種時候，只有滿面愁容才比較自然。但是你必須記住，儘管人們會為你感到悲傷，然而他們不可能真正地與你分擔痛苦，一味宣洩情感只會導致人們離開你。

生活中的好事應有盡有，只有這些事情才應該在你的大腦中佔據首要的位置。你所度過的大好時光、你所看過的有趣戲劇和電影、你和朋友們經歷過的滑稽可笑的情景等等，這些使你的大腦處於活力狀態，從而使你的眼睛閃閃發光，這就是正確微笑的先兆。

一覺醒來，應儘量想到新的一天中美好的事情。即使你知道一些棘手的任務在你面前，也要相信你可以對付它們，克服它們，而不至於加害你自己或其他任何人。當諸事順心，微笑和情緒高昂都是非常容易的事情。只有那些在不順心的時候仍能保持微笑的人，才能受到家庭和朋友們的真摯愛戴和尊敬。

堅守健康，固守根本

德國著名哲學家叔本華曾經說過：「一個健康的乞丐要比一個被疾病纏身的國王幸福得多。」可見健康的身體是多麼重要。居禮夫人也說過：「科學的基礎是健康的身體。」她不僅注意自己的健康，還要求她的兩個女兒也要堅持鍛煉身體，她常常帶著孩子去遠足、游泳。她的大女兒後來也獲得了諾貝爾獎。

「健全的心靈寓於健康的身體」，這句格言可追溯到羅馬時代，而且歷久彌新，到今天仍然適用。

如果你想成功，想實現人生自我價值，你一定要注意保持身體健康。健康欠佳會減弱你的決策能力，缺乏體力與耐力，你可能就輕言放棄。事實上，健康因素總是影響到決策力。爲了健全的心靈，爲了達到成功的彼岸，盡力保持身體健康吧！你相信你能，你就能做到。

加強心靈營養

如果你懷疑你的膳食缺乏某種營養，一冊完備的烹飪指南可以給你幫助，你還可以買一些營養管理的小冊子。如果條件允許，你就定期做一下體檢。

你的身體能接受和吸收物質的維生素，你的心靈也會同樣接受和吸收精神的維生素。但是不像你的身體，你的心靈能消化和保留無限的東西，絕不會被塞得滿滿的。你供給它多少，它就能接受並保留多少，甚至還能容納更多哩！

你將在何處找到這些心靈的維生素呢？成功學大師拿破崙．希爾指出，你可以在許多報刊雜誌和書籍中找到這些維生素。

人的心靈如一個電池，你可以從它獲得巨大的能量，這種能量又能轉變成為身體的活力。如果我們允許消極情緒在這裡面造成「短路」，能量就會被浪費掉。如果能量被很妥善利用，那它不僅不會被消耗掉，反而能增長許多倍，正如同發電廠的發電機能產生大量的電力一樣。

兩個人用同樣方式、同樣多的能量做同樣的工作，存失敗之心的人得到的是失敗，存成功之心的人得到的是成功。

在動物界的成員中，只有人才能主動地從內部透過自覺意識去控制自己的情緒。愈是文明、愈是高尚、愈有教養，就愈易於控制自己的感情和情緒——如果你願意這樣做的話。

然而，你很可能總是在這個或那個錯誤情緒的指導下，浪費你心理上和精神上的能量。如果是這樣，你就可以扳一個道岔，指揮你的能量流向有用的軌道。如何做呢？把你的能量放在你所想要得到的事物上，使它遠離你所不想要得到的事物；你的情緒能立刻受行動的支配，因此要行動起來，用積極的情緒代替消極的心態！

不要透支你的健康

職場競爭越來越激烈，整日奔波的職場中人，常常自感不適卻檢查無病，套用一句廣告詞，這是「三十歲的人，六十歲的心臟」。這種介於健康與疾病之間的灰色狀態，就是時下很普遍的亞健康狀態。由於工作忙，許多人不太在意，覺得忍一忍就過去了，可是亞健康永遠不會停留在原有狀態中，它或者向疾病狀態轉化，這是自發的；或者向健康狀態轉化，這是需要付出努力的。

不管何種原因引起的亞健康，都會導致人體免疫功能低下，提高免疫功能就能遠離亞健康。

1. 均衡營養

生命首先在於營養，沒有營養就沒有健康。維生素A能促進免疫球蛋白合成。維生素A攝入不足，呼吸道上皮細胞缺乏抵抗力，常常容易得病。維生素C缺乏時，細胞的戰鬥力隨之削弱。除此之外，微量元素鋅、硒、維生素B群等多種元素都與人體非特異性免疫功能有關。

2. 經常鍛煉身體

經常鍛煉身體可以使血液中的白血球、紅血球和血紅蛋白增加。紅血球和血紅蛋白增加可提高體內供氧量與代謝能力；白血球具有吞噬細菌的作用。所以經常鍛煉身體可以增加人體對疾病的抵抗能力。

3. 戒煙限酒

醫學證明，吸煙時人體血管容易發生痙攣，局部器官血液供應減少，營養素和氧氣供給不足，尤其是呼吸道黏膜得不到氧氣和養料供給，抗病能力也就隨之下降。少酒有益健康，嗜酒、醉酒、酗酒會削減人體免疫功能，必須嚴格限制。

4. 心理健康

持續的心理緊張和心理衝突會造成精神疲勞和免疫功能下降，保持心理健康對人的肉體健康具有十分重要的意義。

5. 適度勞逸

適度勞逸是健康之母。人體生物時鐘正常運轉是健康保證，而生物時鐘「錯點」便是亞健康的開始。

一念興衰，主宰情緒

從前有一個老太太，她的大兒子賣雨傘，二兒子靠染布爲生。晴天時，老太太擔心老大的雨傘賣不出去；雨天時，又擔心老二的布曬不乾。因此她每天都不開心，與「快樂」兩字無緣。一位鄰居勸她：「妳爲什麼不在晴天想老二的布很快能曬透，雨天的時候想老大的傘能賣出去呢？這樣不就可以開開心心過日子了嗎？」這個故事道出一個道理：人的思維立足點不同，精神狀態也大不一樣。

人的能力有大小，日子不可能每天都過得轟轟烈烈。在如今快節奏的生活裡，越來越多人感覺生活太累，覺得快樂離我們越來越遠，仔細琢磨一下，快樂眞的就那麼簡單，就在你生命中每一個不爲人注意的瞬間，關鍵是我們少了一雙發現的眼睛，少了一顆願意快樂的心。就像一個廣告說的，「其實是你沒有發現，原來最美好的一直都在身邊」。生活是不需要注釋的，快樂是一種屬於個人的感覺和心態，只要你用心活著，用心去感受，很多時候都是你開心的時刻。

調節情緒的八大技術

1. 制怒術

做情緒的主人，當喜則喜，當悲則悲。遇到發怒的事情時，一思發怒有無道理，二思發怒後有何後果，三思有其他方式替代嗎？這樣就可以變得冷靜而情緒穩定。

2. 愉悅術

努力增強積極情緒。具體方法有三：一是多交友，在群體交往中取樂；二是多立小目標，小目標易實現，每一次實現都能帶來愉悅的滿足感；三是學會正面思維，可使人從容對待挫折和失敗。

3. 幽默術

常笑多幽默。心理學家認爲，人不是因爲高興才笑，而是因爲笑才高興；不是因爲悲傷才哭，而是因爲哭才悲傷。生活中要多笑勿愁。

4. 助人術

做善事既可以給他人帶來快樂，也可使自己心安理得，心境坦然，具有良好的安全感。

5. 宣洩術

遇到不如意、不愉快的事情，可以透過運動、讀小說、聽音樂、看電影、找朋友談心來宣洩自己不愉快的情緒，或不妨大哭一場。

6. 代償轉移術

當需求受阻或者遭到挫折時，可以用滿足另一種需要來代償。這一門課沒考好，可爭取在另一門課上取得好成績，也可以透過分散注意力、改變環境來轉移情緒的指向。

7. 昇華術

即，把受挫折的不良情緒引向崇高的境界。如大文豪歌德在失戀後，把失戀的情緒能量昇華到文學寫作中，寫出了名篇《少年維特的煩惱》。

8. **放鬆術**

心情不佳時，可以透過循序漸進自上而下放鬆全身，或者是透過自我催眠、自我按摩等方法使自己進入放鬆入靜狀態，然後面帶微笑，想像曾經歷過的愉快情境，從而消除不良情緒。

獲得好心情的十個妙點子

1. **音樂喚醒**

鈴聲大作的鬧鐘會讓神經受傷。一個輕鬆的起床儀式很有必要，比如選張喜歡的CD，用音樂定時，讓美妙的音樂在耳畔輕輕柔柔地喚醒你，帶給你一天的好心情。

2. **床上伸展操**

也許你不相信，只要幾個簡單的步驟，賴床的毛病就會一掃而空。在穿衣服之前，不妨坐在床上做簡單的伸展操，鬆鬆緊繃的肌肉和肩膀，慢慢地轉轉頭、轉轉頸，深深地吸一口氣再起身，會有種舒暢感。

3. 為自己做一頓早餐

有人寧願多睡半小時，也不肯讓自己吃一頓可口的早餐。其實一天三頓飯中，以早餐最重要，早餐是一天活力的來源，爲了多睡一會兒而省掉早餐是最不划算的，一來健康大打折扣，二來失去了享受寧靜早餐的美妙感覺。下決心明天早起半小時，爲自己做頓可口的早餐，帶給你精力充沛的一天吧！

4. 洗個舒緩浴

淋浴或泡澡要看你的時間充裕與否。如果泡澡，水溫不宜太高，時間也別拖太長，選一些含有柑橘味的沐浴品，對於提振精神是最好的。如果是淋浴，在肩上披毛巾，用可容忍的熱度，以蓮蓬頭水柱沖打雙肩，每次十分鐘，每周三次以上，效果佳。

5. 嘗嘗自己做的點心

研究證明，吃甜食有助撫慰沮喪情緒。品嘗自製的小點心不但有成就感，在烹調的過程中，也有意想不到的樂趣。如果你的廚房設備很簡單，就做一道好吃的米布丁吧！在小鍋中加入適量米和水同煮，接著加入適量牛奶繼續煮至米粒熟軟，待牛奶汁略收乾時加入糖，再加上一個蛋黃，享用時，撒上葡萄乾就可以了。

6. 撣撣灰，吸吸塵

廚房的碗筷堆得快溢出水槽，窗上積了一層灰，髒衣服滿地都是。與其惹得自己心煩意亂，不如花點時間吸吸塵、擦擦灰，整理一下。當你環視四周時，心情會無比暢快。

7. 遠離電視

研究顯示，以看電視爲生活重心的人比較不快樂。是的，有時候躺在沙發上，盯著電視一整天，最後感覺好像什麼也沒看到，什麼也沒記住，然後就開始懊惱後悔，不該讓電視占了那麼多的時間。

8. 出門遛遛

陽光和煦、涼風徐徐的日子，最適合出門，抖掉一身關在家中、悶在城市的黴味。

9. 靜下心來看本書

還記得書本散發的濃濃墨香嗎？還記得手指翻動書頁的溫柔觸感嗎？還記得上一次被書中的情節深深感動是什麼時候嗎？找個時間，沖杯咖啡，再一次回味那種感覺吧！

10. 買件禮物送自己

可能是一束花、一條披肩、一雙昂貴卻十分舒服的鞋，甚至是一頓講究的可口菜肴。偶爾寵愛自己，足以治癒高壓緊張所帶來的壞心情。

下面一些建議能夠幫你體察自己的情緒，在每一個句子的空白處寫上：總是、通常、經常、有時、很少、從來沒有等詞，幫助你強化自己的行動。

1. 我＿＿接受我的情緒。
2. 我＿＿既服從我的頭腦，也服從我的心靈。
3. 我＿＿消除我的不安情緒。
4. 我＿＿消除我的痛苦感覺。
5. 我＿＿消除我的憤怒情緒。

6. 我＿＿＿消除我的沮喪感覺。

7. 我＿＿＿消除我的孤獨感。

8. 我＿＿＿消除我的失落感。

9. 我＿＿＿消除我的嫉妒感。

10. 我＿＿＿感到自信。

11. 我＿＿＿感到高興。

12. 我＿＿＿理解我的情緒。

13. 我＿＿＿樂觀。

把這些句子寫在你的筆記本裡，或者寫在你的桌曆上，隨時檢查你的情緒，這樣有助於你保持好心情，因爲一個能夠掌握自己情緒的人，常常會讓自己保持快樂。

習慣無常，命運茫茫

每一個人在吃、穿、住、用、行等各方面都有自己的習慣，這些習慣或好或壞，都是與每一個人的生活分不開的。你的家人和朋友教給你的一些好習慣，如隨手關燈、講究衛生、早晚刷牙、大小便後洗手、勤洗衣服、進門要敲門、尊重別人、與別人合作等，就像一條紅線一樣貫穿在你的一生之中。你現在吃飯前要洗手、吃完飯要漱口、你或許不喜歡吃辣椒、你或許吃飯的時候喜歡和人聊天，這些可能是你很早就養成的習慣，也可能是你在後來成長中養成的，它們已經成爲你生命的一部分，內化成爲你自己的人格力量，影響著你的決定和你的事業。所以說，教育就是培養人養成好習慣。之所以把教育的終極目的歸結到「養成好習慣」，是因爲習慣對人生、對個人修養具有重要影響力。

如果一個人養成勤奮的習慣，那麼他會抓住時間去思考、行動，這樣他就能夠抓住自己身邊的機遇，儘快實現自己的理想。如果一個人養成鍛煉身體的習慣，那麼他會擁有健康的體魄和飽滿的精神；如果一個人養成善於學習的習慣，那麼他會不斷爲自己累積知識、擴展自己的思路，越來越聰明；如果一個人養成尊重他人的習慣，那麼他會處處受到別人的尊敬和歡迎，使自己擁有良好的人際關係；如果一個人養成了抽煙喝酒的習慣，那麼他可能會提早結束自己健康的生活，或者輕易染上疾病；如果一個人養成了懶惰的習慣，那麼他會浪費寶貴的時間不知珍惜，而喪失掉自己的機會，與成功無緣……

總之，習慣是人的第二天性，人是習慣的沈澱。在英語中，「習慣」爲costume，這個單詞也有「服裝」的意思，這似乎也表達了一種英語文化對習慣的理解，習慣就像自己的衣服一樣總是穿在身上，是必不可少的。一個人如果不穿衣服就成了野蠻人，一個人如果沒有習慣就不是文明人了。不同的人穿著不同的衣服，不同的人也有不同的習慣。

一九九八年五月，美國華盛頓大學請來世界巨富羅蘭．巴菲特和比爾．蓋茲進行演講。演講結束提問時，華盛頓大學的學生問羅蘭．巴菲特：「你們怎麼比上帝還富有？」羅蘭．巴菲特說：「這個問題很簡單，原因並不在於智商，而在於習慣，你必須有好習慣。」比爾．蓋茲也說：「我認爲羅蘭．巴菲特關於習慣的說法完全正確。」

兩位世界巨富說出了成功的秘訣，那就是必須有好的習慣，好習慣是成功的天梯。養成一種好習慣難不難？說難也難，說不難也不難，關鍵看你有無恆心。「世上無難事，只怕有心人」，有志於做一個文明的人，養成好的習慣就不難，無非是對自己要求嚴格一些，「吾日三省吾身」，天長日久，良好習慣自然而成。

改掉一些壞習慣難不難？同樣是「決心」二字，倘有環境配合則更好，就像小孩斷奶，看起來挺不容易，但所有人都放棄了吸奶的習慣。習慣看起來只是一些小事，而正因為小事涉及到生活的方方面面，其結果往往差異很大。每個人的經歷不一樣，小時候由於這樣那樣的原因養成了一些不良習慣，這並不可怕，只要意識到它的害處，什麼時候改正都不算晚。良好生活習慣在人一生中益處無以言表，一個文明人不論是為自己還是為社會，都該養成好的習慣。正如一位詩人所寫的一樣：

播種思想，便收穫行動；
播種行動，便收穫習慣；
播種習慣，便收穫性格；
播種性格，便收穫命運。

不要被你的壞習慣俘虜

人之習慣種種，有好有壞。因此，習慣實際上也是一柄雙刃劍，好的習慣可以使人鑄就人生的輝煌，而壞習慣也會阻礙人生的發展，甚至毀掉健康美好的人生。壞習慣一旦養成，你就難以擺脫它強大的磁力，你會心甘情願地被習慣征服，做習慣的俘虜。不僅人是這樣，自然界裡有很多現象都說明了這樣的道理。

記得小時候，我們老家養雞生蛋，蘆花雞總是丟蛋，母親急著四下尋找。大中午的時候，母親斜著身子往隔壁的李成家瞄，李成家的雞窩裡有兩隻雞臥著，樣子靜靜的，但就是沒有我們家的那隻蘆花雞。母親說，這雞一定把蛋丟在別處了。母親在牲口圈裡轉了一圈，又上院子草叢邊轉了轉。當母親折回來的時候，手裡就握著一個溫熱的蛋。

母親說，這雞丟蛋丟慣了。

第二天，母親起了個大早，抓住那隻蘆花雞，就把雞放進羊圈邊的柴草筐裡，又扣上一個半破的筐。母親說，看你還能野到哪兒去。

過兩天，母親把蘆花雞放進草筐的時候，在雞的肚子下放了一個雞蛋。那個半破的筐，被母親扔在兔子窩上。我說，不怕蘆花雞跑了嗎？母親說，有引蛋，牠就不跑了。

這雞說不跑就眞的不跑了。後來，母親再放進去的，只是兩半對接的蛋殼，也不用母親費事，蘆花雞下蛋的時候徑自就奔那草筐去了。有一次，另一隻雞提前佔了牠的窩，蘆花雞安靜地在旁邊等了一會兒，直到那隻雞把蛋生出來，牠才探頭探腦地跳了上去。

再後來，母親乾脆放進去一個半圓的馬鈴薯，那雞也照樣上去生蛋。那個馬鈴薯在草筐裡整整一個夏天。秋天的時候，已經乾癟得很小，但蘆花雞因爲這個馬鈴薯，沒有再丟過一個蛋。

我當時想不明白，喜歡亂跑的雞，怎麼後來會乖乖聽命於一個馬鈴薯呢？

許多年之後，我看到一些人習慣追求著一個過時的目標，才明白了生活也在重複著蘆花雞和馬鈴薯的故事。看來，人的頭腦中也容易藏著一枚看不見的「引蛋」，在歲月中，它迅速長成了一塊堅硬的石頭，擋住了我們的眼睛，蒙蔽了我們的心靈，從而牽制了人的進步。

每個人心中都可能存在著自己的「引蛋」，爲了這些引蛋，我們有時候做一些在別人看來毫無價值、十分愚蠢的事情，但是在習慣的指引下，我們自己確是矢志不渝，這是因爲我們常常心甘情願地做了壞習慣的俘虜！比如你在罵髒話的時候，在別人眼裡，你是一個素質低下的人，但是你自己可能並不覺得，甚至以為自己很了不起。

習慣決定命運

縱觀歷史，許多偉人的成就，都與他們的良好習慣分不開。

大文豪托爾斯泰一生熱衷於體育運動，良好的鍛煉習慣使他有充沛的精力完成不朽的巨著；美國著名作家馬克．吐溫堅持每天清晨默讀牆上的好詞、佳句；馬克思堅持每天演算數學題，甚至在撰寫《資本論》時也不停下來，其邏輯思維能力之強是世人共知的；達爾文從不放過任何一個觀察自然的機會……這些事例更讓我們堅信，良好習慣之於人的成長具有多麼深遠的影響啊！

佛蘭克林大概算得上美國歷史上最有影響力的偉人，他博學多才，是愛國者、科學家、作家、外交家、發明家、畫家、哲學家；他自修法文、西班牙文、義大利文、拉丁文，並引導美國走上獨立之路。佛蘭克林年輕時發明了一種方法，他首先列出獲得成功必不可少的十三個條件：節制、沈默、秩序、果斷、節儉、勤奮、誠懇、公正、中庸、清潔、平靜、純潔、謙遜；他決心獲得這十三種美德，並養成習慣；為此，他設計了一個成功記錄表，每一項美德用去一頁，畫好格子，在自我反省時，若發現當天有未達到的地方，就用筆作個記號。佛蘭克林七十九歲時，那本不朽的自傳中花了整整十五頁，特別記下他的這一偉大發明，因爲他認爲自己一切的成功與幸福受益於此。佛蘭克林在自傳中寫道：「我希望我的子孫後代效仿這種方式，有所收益。」

總之，你的好習慣越多，你就距離成功越近。

習慣成自然，是養成習慣的最終目的。「習慣成自然」也就成爲能力，所以培養好習慣的過程就是培養能力的過程。所謂自然，就是「不必故意費什麼心，彷彿本來就是那樣」。走路和說話是我們最需要的兩種基本能力，這兩種能力的形成是因爲我們從小就習慣，成了自然；無論哪一種能力，要達到習慣成自然的地步，我們才算有了那種能力。如果不達到習慣成自然的程度，只是勉勉強強地做，就說明我們還不具備那種能力。通常說某人能力不強，就是說某人沒有養成多少習慣的意思。比如說張三記憶力不強，就是張三沒有把看見的、聽見的一些事物好好記住的習慣；說李四表達能力不好，就是說李四沒有把自己的思想和感情說出來的習慣。因此，好習慣養成越多，個人的能力就越強。做人做事，需要種種能力，所以最要緊的就是養成種種好習慣。

寧可瓦全，不為玉碎

有句話說：「寧可玉碎，不爲瓦全。」說的是爲了爭一口氣，就要拼死拼活，爲了尊嚴可以什麼都無所謂。其實這種態度是不可取的，在現實社會中，很多人根本不會這麼做，而且恰恰相反，很多人的態度是「寧可瓦全，不爲玉碎」。想一想，你如果得罪了一個人就等於得罪一堆人，因爲你得罪了一個人，這個人身邊的人也會對你產生不好的印象，對你來說是不値得的。因此很多時候，我們寧可瓦全，也不能玉碎。做人很多時候要學會忍耐，也要學會寬容。

一個不肯原諒別人的人，就是不給自己留餘地的人，因爲每個人都有需要別人原諒的時候。

當耶穌到橄欖山時，有位法利賽的學者將自己姦淫過的女人帶到耶穌面前，詢問耶穌要如何處罰這個女人？依當時的法令，被姦淫的女人要被判投石之罪。此時耶穌微傾上半身，用手指在地上寫了些字，然後對那些漸漸逼向他的群衆說：「在你們當中，若有人認爲自己沒有罪，就先向她丟石頭吧！」耶穌說完此話就從容地站了起來。圍觀的群衆一個個離開。耶穌的這句話使他們捫心自問，無人敢說他們自己是無罪的！

我們常把注意力集中在人家的過錯上，即使有時不得不正視自己的過錯，但總覺得是可以寬恕的，這是因爲無論我們自己是好是壞，都必須容忍自己。

可是輪到我們評判他人就不同了。我們用另外一副眼光，令人體無完膚，一點不留情面。且舉一個小小的例子：假使人們發現了旁人說謊，譴責會是何等嚴酷，可是哪一個人能說自己從沒說過謊？也許還不止一百次呢！

有些時候給人留下臺階，也是爲自己留下一條後路。每個人的智慧、經驗、價值觀、生活背景都不相同，因此與人相處免不了衝突和爭鬥——不管是利益上的爭鬥，還是非利益上的爭鬥。

大部分人一旦陷身於爭鬥的漩渦，便不由自主地焦躁起來，一方面爲了面子，一方面爲了利益，因此一旦自己得了「理」便不饒人，非逼得對方鳴金收兵或豎白旗投降不可。然而，「得理不饒人」雖然讓你吹著勝利的號角，卻也成爲下次爭鬥的前奏。因爲這對

「戰敗」的對方也是一種面子和利益之爭，他當然要伺機「討」回來。給別人個臺階下，爲他留點面子和立足之地！對一般人來講，這可能不太容易做到，但如果能做到，對自己好處多多。

人性混合著偉大與渺小，善與惡，崇高與卑微，我們彼此都差不多。明白了這些，就會使我們容忍他人，如同容忍自己。

注意友誼淡化的徵兆

你結交了不少朋友吧！你覺得你對朋友是眞心意的，然而隨著時間的推移，你的朋友卻漸漸與你疏遠了，友誼也就此淡化。這是什麼原因造成的呢？下面羅列的幾點，可以對照一下：

1. 好為人師，傷人自尊

「人之患，在好爲人師。」如果你覺得自己在某些方面優於你的朋友，你不要沾沾自喜，盛氣凌人，而要謙虛謹愼，平等待人。如果你在朋友面前常常表現出優越感，比如你年輕、漂亮，於是在朋友面前老談論這一問題，使他人感到受辱；你知識水準較高，在朋友面前故弄玄虛，使巧賣乖，使他感到難堪；你的經濟條件比他寬裕，常在他面前誇耀、比試，使他感到厭惡。這樣，他會覺得處處不及你，或者自認不配與你在一起，而漸漸疏遠你。

2. 過於隨便，彼此不分

你覺得好朋友之間爲人處事不必處處小心謹愼，所以表現得過於隨便。例如，隨便闖入朋友私宅，隨便翻弄朋友抽屜，隨便翻閱朋友日記、筆記，隨便使用朋友物品甚至損壞物品；又如，在朋友家裡隨便落座，旁若無入，眞如像「在自己家裡」一樣，內外無別。這樣過於隨便，舉止放縱，使你的朋友覺得與你相處存在著不安全感，從而漸漸產生戒心，「敬」而遠之。

3. 言語不愼，惡語傷人

說話不注意場合，滔滔不絕，口若懸河以顯示自己，特別是在大庭廣衆面前，不惜拿朋友開玩笑，揭人之短以嘩衆取寵，使朋友感到你缺乏禮儀，是輕妄之徒，爲了避免再次受辱，他必將離你而去。

4. 強人所難，令人尷尬

人所勿欲，勿強求於人。你不要以為某人是朋友，便可以事事相求，要設身處地為明友著想，切勿強求朋友做難為之事。比如你的朋友喜歡看書，你喜歡聊天，你就不要硬拉他參加你的行列，否則在你指手劃腳、海闊天空之際，正是你的朋友手足無措、如坐針氈之時。又如，你託朋友辦事，要用委婉的語氣，詢問他能否辦到，有何困難，不能強行所求，無理糾纏，使朋友進退維谷，心中不悅。

5. 固執己見，一意孤行

馬難免失蹄，人不會無錯。當你有了錯誤，朋友勸告你、開導你，你應當耐心聽取、冷靜分析。如果朋友的話有道理，你要虛心接納，並感激他的幫助，即使朋友的意見無可採納，也要體會他的關心。假使你自以為是，對朋友意見不屑一顧，甚至反唇相譏，會使朋友覺得你專橫獨斷、不重友誼，是一個易惹事闖禍的人，與你在一起，會給自己帶來不幸，因此要設法早點兒離開你。

6. 信口雌黃，言而無信

一個人要想獲得朋友，重要的是自己要夠得上做一個朋友。你要想瞭解別人，你首先要讓別人瞭解你。假若你在朋友面前不願吐露心跡，有事總將眞相掩蓋起來，支支吾吾，前後矛盾，漏洞百出，你的朋友從此也不會向你傾吐胸臆。

如果你的朋友有事相求，你要謹慎對待，做出回答。或是或否，果斷明確，一言既出，駟馬難追。切不可出爾反爾，隨意更改。倘若朋友約你，你能去則去，不能去就早做聲明，不要中途變卦，讓朋友久等。朋友託你辦事，你更不要礙於情面，勉強應承，否則一旦辦不成功，反使朋友覺得你言而無信，是個不太可靠的人。

爲了使你們的友誼永保青春，請注意自己的言行吧！

潛在規則，不識則敗

「潛規則」是相對於「明規則」而言的。顧名思義，就是看不見的、明文沒有規定的、約定俗成的，卻又是廣泛認同、實際起作用的、人們必須「遵循」的規則。創造「潛規則」這一概念的吳思先生說：所謂的「潛規則」，便是「隱藏在正式規則之下、卻在實際上支配著中國社會運行的規矩」。

「潛規則」既不公開，也不透明，絕不會將它的「規則」內容明示於他人，但是其「規則」的內容誰都明白，它比明文規定的規章制度還要厲害，還要嚴厲，人們都在默默恪守、心照不宣地維護它，而且，誰不遵循這種「規則」，就會受到排斥、懲罰，「潛規則」很具有「殺傷力」，所以一般人都很「懼怕」這種「潛規則」，然而你必須要學會它、「尊重」它、實行它，不然你就根本進不了你想進入的這個「圈」中，即便是進去也會發現自己無法生存，無法爲這個圈子所認同，很快就會被這個「圈」所拋棄。

潛規則之所以大家心照不宣的默默遵守，是因爲很多潛規則都是與明規則背道而馳的，潛規則的精神是利益至上，基本規則都是圍繞著「利益是最高原則」自然生成，沒有明文的規定，也沒有大量的宣傳和教育工作，但是潛規則的生成卻是很自然，主要因爲它是符合人性的，在一定程度上來講，潛規則統治著人們，成爲眞正的「無冕之王」。

潛規則的六大特點

如果要總結潛規則的特點，可以歸結爲以下六點：

一、**利益至上**。潛規則是達到利益的手段，所有的潛規則都是圍繞著利益而自然生成的隱形手段。

二、**顛覆性**：潛規則的法則絕大多數都是對傳統道德和法律精神的對抗，是對社會公平與良心的顚覆，與厚黑學如出一轍。

三、**自由性**。潛規則與社會的道德法則有一個很明顯的不同，就是潛規則的執行是自由的，沒有人來強迫你，道德法則和法律原則是社會強迫執行的規則，如果你違背了道德法則，會有很多人譴責你，如果你違背了法律，就會受到懲處，但是你願意不願意執行潛規則，你相信不相信潛規則，以及你如何遵守潛規則，都是由你自己來決定的，沒有人譴責你，也沒有那個單位來強迫你。

四、彈性。因爲潛規則是一種沒有文字規定、沒有具體約束的規則，只是一種大家心照不宣的原則而已，所以潛規則本身很零散，在執行上的彈性很大。

五、頑固性。潛規則具有極強的生命力，因爲它是在人性的田地裡生長出來的自然產物，所以潛規則是符合人性的，儘管很多人對潛規則深惡痛絕，想盡辦法消除，但是潛規則從來都沒有消失過，它散佈在社交的各個領域裡，如影隨形難以清除。

六、潛伏性。潛規則永遠都是潛規則，因爲它是對傳統道德習慣和法律精神的顛覆，因此潛規則永遠都是一個「偏房」，不可能成爲「正房」，但是這個「偏房」卻是人們最寵愛的，有時候甚至會暗地裡超越「正房」。

尋找潛規則的根源

爲什麼「潛規則」中的「規則」要用「潛」來表達？這本身就是一種「潛規則」，原因是這種「規則」藏於桌子底下，很黑，很暗，很不光明，很不道德，也很醜陋。有些規則之所以要以「潛」的形式出現，是因爲不便於公開，很多潛規則都是對明規則的一種顛覆，是對道德法則和法律精神的違背，是對公平和仁慈的一種反抗，所以潛規則在明規則面前有時候顯得很另類，顯得很自私，於是沒有人願意把潛規則提高到明規則的高度來宣講。

雖然潛規則上不了檯面，見不得公開，卻能左右「遊戲」發展的方向和最終結果，所以「遊戲」的最後「勝利者」，並不是遵循「明規則」辦事的人，而是那些玩「潛規則」得心應手者。

探究潛規則的根源，最後的眼光還是人性。中國古代的大思想家們早就對人性有過很深刻的討論，孟子說過「人之初，性本善」，就是說人性是善良的，之所以有時候會出現惡，是因爲後天的教育和環境的影響。而另一大思想家荀子卻認爲「人性本惡」，人從一開始就是惡的，所以要用法律這樣的強制工具來限制人的惡。經過很多年的討論，兩方主張各有長短。近代的科學家研究顯示，人性本無善惡，人性就像一張白紙，後天的耳濡目染會在這張白紙上畫出不同的人性圖畫。這些觀點都是學者們在某一個層次上的探究，沒有哪個觀點是完全正確的。但是，如果我們從實踐經驗出發，可以追蹤到人性的複雜性。筆者認爲人性不可能是以一張白紙開始的，因爲根據弗洛伊德的觀點，人在很小的時候就懂得羞恥、生氣等，所以人性在剛開始的時候就有非常複雜的底色，也就是說人性本來是很複雜的，有善良的一面，如公平、愛心等，同時也有邪惡的一面，如自私、掠奪，只是隨著後天教育的耳濡目染，使得人性中的各種底色變得更加明顯而已。一個人受的教育中善良成分多一些，那麼他的善表現就更多一些，受到的教育中惡的成分多一些，那麼他惡的表現就多一些，其實每一個人的人性中都有善惡，只是表現的方式和程度有不同而已。

潛規則是一柄鋒利的劍，掌握劍柄的人就是受益者，他們可以用這把劍傷害自己的敵人，達到自己的目的。因爲當今社會競爭十分激烈，人們競爭的最終動力應該還是利益，但是競爭就是爭奪，在一定程度上來說，你的勝利就是別人的失敗，所以懂得潛規則威力的人常常是一些走捷徑的人，他們沒有遵守明規則下的一些規定，輕易得到了利益。這對自己來說，是一種成功，但是對於別人卻是一種傷害，所以潛規則是一把無形的利劍，利用潛規則來辦事情的人具有搶奪的能力，對自己的對手是一種傷害。

另一方面，對於被傷害者，他們在沒有抓住劍柄之前自然是受害者，然而一旦他們也抓住了劍柄以後，就變成傷害他人的人了。在現實中，這種現象很普遍，很多有權之人在位時可以利用權力辦事，有些人的利益受到損失，但是一旦自己有機會掌握權力的時候，自己也會搶奪別人的利益。

為人處事，人性稱王

人性是潛規則自然生成的土壤，也是辦事的最高原則。人性中有自私的一面，也有好奇的一面、虛榮的一面。很多的明規則實際上是對人性的限制，但是實際生活中，人性才是做人辦事的最高憲法。

每一個人都喜歡別人的讚美，因為人最深的心理需求就是得到別人的肯定，所以那些善於恭維別人的人很吃香，因爲他們是按照人性辦事；每一個人都不喜歡別人的批評，因此那些總是喜歡挑毛病的人常常沒有好下場。每一個人都喜歡高興快樂，因此能夠給別人帶來快樂的人，很受人們歡迎，就像相聲、諧星，歌星等等；每個人都會有心理不平衡、嫉妒別人的時候，因此那些不太張揚的人常常會給別人留下很好的印象；而那些喜歡展示自己成就的人，常常被貼上「驕傲」的標簽。每一個人都喜歡美好的東西，因此相貌英俊的男人和美貌的女子是大家都願意接受的。

因此看來，人性非常複雜，而人性中的很多因素常常是潛規則最好的土壤，所以按照人性辦事，是明智的選擇。

穿越人性的叢林

人的很多心理都是人性的表現，既然這樣，就讓我們來看看人性叢林中的各種心理。

1. 自私心理

自私心理表現在我們生活的各個環節中：長輩、主管在場與不在場的時候表現不同；公車上不認爲自己是首先應該讓座的那一個人，習慣性的認爲別人應該先讓；見到浪費、違章及其他社會不良行爲的時候不予制止，認爲與自己無關的事情不用自己操心；看到他人的失誤，自己暗自高興；對自己家中的東西很懂得節省，卻肆意浪費公共資源；認同「寧可我負天下人，不可天下人負我」；不敢爲弱勢群體說話，凡事總先從自己的立場出發考慮，爲了自己的利益，寧可損失一定的集體利益；同意「人不爲己，天誅地滅」。

對於上述的心理活動，如果你多數都符合，那就要認眞的反省自己了。因爲那就表示你的自私心理已經非常嚴重，很有可能偏離了社會規範。自私源於人的本能，人生來就有各種各樣的要求，生理的、安全的、物質的、精神的……這些需求是人類發展的動力泉源，在社會道德的約束下，我們適當滿足自己的這些需求是正常的、必要的，但如果一味的追求而使自己的行爲超越正常範圍，就要當心了。

自私心理在現代社會是很普遍的現象，這不僅和我們自身的素質有關，也和我們整個社會的素質有關，源遠流長的歷史帶給我們的可能不止是燦爛的文明，還有的是難免沈積下來的文化渣滓，這樣的渣滓其實是一種弱勢群體用以保護自己的盾牌，但有時，這外殼實在有點像攻擊彼此的矛與盾。

2. 嫉妒心理

「嫉妒」是指當別人在某些方面（如才能、名譽、地位、境遇等）超過自己，使自己企圖排除乃至破壞別人優越狀態的激烈情感活動。它是一種變態心理，是人類陰暗性格的表現，也是人類心靈的腐蝕劑。

由於社會的阻力，或者個人的先天、後天原因，有些人並不能順利達到自己的期望值，在無力改變自己境遇的時候，往往會自覺不自覺地對周圍優秀的人產生怨憤、不滿、敵意，這種心理有時化爲語言或者行動表達出來，於是對他人造成傷害，而更多的時候，嫉妒的心情像一股在心裡不斷流動的暗流，攪亂人原本寧靜安詳的心神，讓心理痛苦不安，可以說，這樣的心理狀態於人於己都是十分有害的。

嫉妒心理人人有之，主要有以下幾個特點：

・容不得別人在任何方面超越自己。

・當嫉妒心理在心中積悶得超出心理防線的抑制力時，就會透過語言、行動等方式發洩出來，甚至有人採取卑劣的手段來攻擊和傷害被嫉妒者。

・嫉妒心理對人的心理健康和身心發展有很壞的影響，表現為極度敏感、思想固執、過分誇大自己的重要性、人格偏離，嚴重者甚至出現妄想症，發展為偏執性精神病或精神分裂。

3. 多疑心理

多疑心理經常伴隨自卑心理出現，是一種完全憑藉自己主觀臆斷而對他人產生的不信任心理，屬於一種消極的心理暗示。多疑的人思維方式常常是先在意識中形成一個結果，再根據結果來取捨自己所接受的資訊，能支援結果的，他們就採納，而不能支援結果的就排斥，如此反覆，往往使他們漸漸對那個已經形成的結果不斷強化，使他們更加的深信不疑，形成惡性循環。因此我們可以發現，認知方式的偏差是導致多疑心理的重要原因，這類人常常不能根據實際情況客觀的判斷事物，而是以先入爲主的心態對自己所接受的資訊進行過濾，並透過不斷的循環得出並強化他人不利於自己的結論。

一般形成多疑心理的人有兩種，一種是有自卑情結，由於過度的自我保護而產生對他人的懷疑；另一種則是有過重大挫折經歷的人，由於挫折的體驗過深而不敢相信任何人。

以下現象可視爲多疑心理的預警：常常擔心自己的衣著是否整齊，儀態是否端正；覺得大多數人都有不可告人的秘密而不能相信；在人際來往的過程中常常感到害怕；工作、生活中，即使得到他人的幫助，也首先想到對方是不是有什麼目的；經常認爲別人對自己的評價不夠準確，不夠高；在與他人交談的過程中，懷疑自己的話題不夠使對方感興趣；在受到長輩、上司召見的時候，首先想到是不是自己有什麼事情做錯了，即將受到責備；在公共場合總覺得有人在注視自己，無緣無故的爲一些不眞實的事情擔心；常常事必躬親，擔心別人不能完成自己交付的任務；總覺得自己受別人的利用；當別人談及自己的優點時，總是覺得別人言不由衷，認爲別人不能眞正的關心自己。

4. 孤獨心理

我們內心的孤獨感從何而來？爲什麼有的人身處鬧市卻覺得被世界拋棄，而有的人孑然一身卻生活得充實而富足？

孤獨是由於自己與他人的空間距離或心理距離（我認爲後者的作用更重要，隨著科學的發展，各種通訊手段的應用已經使空間不再成爲阻礙人們交流的鴻溝了），而感到交流困難所產生的心理障礙，嚴重者將導致鬱症。

每個人都是獨立的個體，都有屬於自己的經歷、體驗和意識，當一個人過於沈浸在自己的意識中，渴望自己的內心被他人理解，又發現很難與他人交流的時候，便產生了精神上的孤獨。

孤獨的人有不同的表現，有的人很自卑，對自己的主觀評價過低，覺得別人都不願意與自己交流，爲了滿足自己維護與保全自尊的主觀願望，他們自覺或者不自覺的將自己封閉起來，最終自陷孤獨境地。有的人恰恰相反，他們很自傲，對於自己的主觀評價過高，認為身邊的人都過於平庸而不配與自己來往，落得孤芳自賞，陷入孤獨的境地。

還有一種人，他們對自己的評價就是「弱者」，認為自己是弱勢的一方，於是在生活的各個方面都「自覺」理應受呵護受照顧，如果缺乏了主動的關心和照顧，他們脆弱和多愁善感的一面便展現出來，覺得別人都沒有理會自己，從而陷入了孤獨。總括來說，這些似乎都是自我認知的偏差造成的。

以下是孤獨心理的預警徵兆：

- 即使在歡快的場合，也很難被當時的氣氛感染，仍然認為自己很孤單。
- 覺得大多數人很難溝通，認為別人都不理解自己。
- 過於內向，有什麼心事沒有一個能傾訴的人。
- 認為人們都各懷鬼胎，不值得信任。
- 心理很希望別人來接近你，但是自己卻不採取主動。
- 覺得自己是個多餘的人。

一般來說，人的天性是不能忍受長期孤獨的，但是有的人自己將自己推至了孤獨的境地。還有一種孤獨是有思想的人才能體會的，這種孤獨是我們的文明帶給我們的，一個人的人性開始萌發、靈魂開始甦醒時，便有了希望人理解傾聽的願望。當人性發展的更豐滿、心靈飛舞得更高遠的時候，便轉為希望一種心靈的默契了，但是這樣的默契實在可遇而不可求，於是孤獨到來了。這類孤獨能帶給人們深刻的思索、靈感的閃現、認知的飛躍，有思想的人們並不害怕孤獨，而是在孤獨的風中飛翔得更加高遠，去認識人生豐碩壯美的另一片風景。

5. 偏執心理

在思想和行為上表現出明顯脫離現實的固執、敏感多疑，誰的解釋和勸說也不起作用。他們對某一件或一類事物表現出不可逆轉的態度，他們敏感、多疑、固執、冷漠、好爭辯，並伴有被害妄想和疑病妄想等。例如，固執的認為自己已經患了某種不治之症，儘管接受了各種各樣的檢查和治療，但是都不相信自己沒有病，認為別人是在向自己隱瞞病情，並不斷的從各種沒有理由的表像來證明自己的觀點。當這樣的偏執心理越來越嚴重，以致出現妄想等症狀時，就形成了偏執性人格障礙。

偏執心理的成因分為內外因兩種，除遺傳因素外，人際關係的緊張、對挫折的不當心理防禦方式、家庭環境的不和諧、缺乏安全感的生活、年邁體虛、更年期障礙等都可以導致後天形成偏執心理。

以下是一些偏執心理的預警徵兆：

- 同伴的一句玩笑，便認為是在含沙射影的嘲笑自己。
- 丟了一樣東西便認為一定是某人偷的。
- 認為漂亮的女人都是不貞的，或者有錢的人都賺來路不明的錢。
- 缺乏安全感。
- 不能與他人坦誠的交談。
- 好與人缺乏理性的爭辯。
- 當自己已經對某事有一種想法後，就很難聽進其他任何人的意見。
- 有時極端自尊，就像有時極端自卑一樣。
- 很難忘記自己曾經的失敗和讓自己出醜的人。
- 沒有朋友。

偏執心理會很嚴重的影響人的社交活動，偏執的行爲會使他人很難願意與你來往，這將導致偏執者的孤獨、煩惱和苦悶更加重；由於對自己沒有理性的評價，使偏執者不能很好的與他人共同工作，既影響了效率也失去了體驗合作樂趣的機會。

有輕微偏執心理的人在待人接物時儘量不要只從自己的角度去看待問題，儘量爲他人著想是一個不錯的辦法。病況嚴重的人就需要心理或精神科的醫生介入了。

6. 焦慮心理

焦慮心理是一種複雜而矛盾的心理，它含有對某件事物極熱烈的期望和熱情，但又因爲害怕失去這些期待和希望而在心中有說不出的緊張、莫名其妙的恐懼和不安，總會有不幸或失敗的預感。在行爲上則表現畏首畏尾、猶豫不決、退避、消沈等，長時間會導致心理疾病。

有焦慮心理的人總是對他們認爲重要的事情表現出超乎人們所能認同的關注，如反覆的與他人商討已經制定好的旅遊計劃，不斷的將已經打理好的行李拆開，檢查有什麼忘記攜帶的東西，或者總是覺得出發的那天將有突發狀況等等。導致焦慮心理的原因很多，長期的緊張工作、家庭變故等重大打擊、自我心理調適不當導致的心理失衡都是重要因素。

患者缺乏自信，懷疑自己的處事能力，過於誇大失敗的可能性，急於解決一切問題但又沒有任何頭緒和辦法的心理，都將助長焦慮感。

以下是一些焦慮心理的預警徵兆：

- 入睡困難，且易驚醒。
- 不能集中精神，心理的擔心總不停的打擾你。
- 血壓、心跳等出現異常。
- 對一些不能解釋的事情認為是不祥的徵兆。
- 食欲不振，沒有精神。
- 有些無關緊要的小事整天縈繞在心頭。

人是一種自然屬性和社會屬性相結合的動物，既然帶有自然屬性，就一定有自私、多疑等心理，既然有社會屬性，就一定有虛榮等心理。所以，人性中有很多屬性是人們傳統的道德習慣所不願意正面承認的，這於是讓很多人未能看清人性的這些屬性。

按照人性辦事，因爲人性是潛規則的養料，如果沒有按照人性辦事，就難以理解潛規則，不能理解就不會去執行，不去執行就會陷入被動之中。

欲望枷鎖，如影隨形

人在社會中，有時就像一滴水在大海中一樣，你的行為並不是完全由你的意志來決定。每一個人都有強烈的欲望，這些欲望本身無所謂好壞，因為欲望是人性的產物，沒有那個人能夠做到沒有欲望，欲望一旦和社會環境結合，就會有好的和壞的影響，這時候，欲望就要受到社會的限制。限制欲望的東西很多，最常見的就是道德和法律，一個人的貪婪和自私其實是本性的要求，但是在道德和法律面前，貪婪和自私常常會成為一種罪過，受到社會的譴責和處罰。

世界是一個舞臺，人有十五種欲望

美國俄亥俄大學的一項研究顯示，人類所有的行為都是由十五種基本欲望和價值觀所控制的，這也許是人類第一次將自己的行為列出一個清單，在此之前，從沒有人將人類的行為分解為一系列內在欲望的組合。在弗洛伊德的眼裡，人類一切行為的背後只有一個字——性，而俄亥俄大學的心理學家則認爲，性和好奇心、仇恨、榮譽感一樣，是行爲的驅動力。

心理學和精神病學教授StevenReiss說：「人類想做的每一件重要的事情幾乎都可以分解爲十五種欲望中的一種或幾種，而且大都具有其遺傳學基礎，這些欲望引導著我們的行爲。」這一發現建立在對二千五百名受試者的研究之上。受試者被要求回答三百多個設計好的問題，如「士可殺不可辱」、「我必須消除疼痛」等，最後將所有的回答歸納爲十五種基本欲望和價值觀，其中只有公民權、獨立和被社會排斥的恐懼沒有遺傳學基礎。Reiss教授說：「大多數欲望與動物所表現出來的相似，這表明它們有共同的基因基礎。」

研究人員還進行了更深入的分析，他們發現，不同的人對這十五種基本欲望的要求是不一樣的。拿性來說，性幾乎對每一個人都是愉悅的，但對每一個人的驅動力卻並非一致，有的人終其一生沈溺於其中，而有的人則在這方面投入甚少。其他欲望也是這樣，有的人追逐成功，有的人淡泊名利，有的人重視親情和家庭，有的人則是「工作狂」。

人的十五種基本欲望和價值觀，是人生存和發展的最基本要素，這其中的一些欲望如果按照傳統的道德標準來看的話，有一些欲望是應該受到人們責備的，但這卻是人性的眞實反應，這些欲望可以使你對於人性的認識更加清楚和深刻。這基本的十五種欲望分別是——

好奇心：學習的渴望是不可抗拒的。

食物：對食物的渴望無須贅言。

榮譽感（道德）：據此構成一個完整的社會結構。

被社會排斥的恐懼：這令我們守規矩。Reiss教授說，精神分裂症患者的該項得分很低。

性：弗洛伊德將之置於「清單」首位，難怪「威而鋼」如此熱銷。

體育運動：胖子們可能沒意識到，人們對運動的渴望是天生的。

秩序：人人都希望在日常生活中佔有一席之地。

獨立：對於自作主張的渴望。

復仇：就像莎士比亞著作裡的王子那樣。

社會交際：渴望成爲衆人中的一分子，即使這意味著在商業街無目的地閒逛。

家庭：這一與家人共處的欲望恐怕不適於忙碌的CEO們。

社會聲望：對名譽和地位的渴望。

厭惡：對疼痛和焦慮的厭惡。

公民權：對服務公共和社會公正的渴望。

力量：希望影響別人，常常在獨裁者身上被過度表達。

很顯然，這十五種基本的欲望一個人不可能同時都得到極大的滿足。這些欲望都是正常人所具有的，但是欲望對於社會和環境的影響卻大大的不同。比如獨立的欲望，在現代社會中很大程度上已經被社會強大的整合能力所扼殺了，個性在社會巨大的攪拌機中根本難以有很多的獨立性。比如復仇的欲望，如果別人曾經傷害過你，你一定耿耿於懷，想要復仇，但是社會是有法律約束的，你的復仇很可能就會受到法律的制裁。這個時候，你的欲望會受到限制，社會制定了一系列的枷鎖把你的欲望限制在一定範圍和一定的程度上。你不可能滿足你所有的欲望，因爲人的欲望實際上是無窮的，你的欲望越多，對於別人來說，他們的損失就會越大，因此有時候，欲望是應該受到控制的。

欲望是連接社交情感與交際的中間環節，欲望有強弱大小之分，欲望強時，動機就迫切；欲望弱時，動機就冷淡；欲望無度時其動機無度。欲望對情感的影響，取決於人對欲望的控制能力，情感有節度在於欲望有節度。根據欲望調節程度，情感可以分爲有度、適度、過度或無度等。對人的欲望強弱進行調節，是理智和理性控制的表現。情操有高低之分，神農黃帝和桀紂有不同的情操。欲望的自然流露、非人爲的表現是人的情緒，情緒與人的氣質有關，有人內向，有人外向。社會來往中，人的情感是情緒和情操相互作用過程的統一，人的情感表徵於外，欲望則存之於內心「隱匿難見」，瞭解人的欲望要從來往動機、行爲，及來往的滿意程度來分析，或者在來往中「觀其志」，明白一個人的志向是什麼。

有這樣一首詩：「終日奔波只爲饑，方才一飽便思衣。衣食兩般皆俱足，又想嬌容美貌妻。娶得美妻生下子，恨無田地少根基。買到田園多廣闊，出入無船少馬騎。槽頭扣了騾和馬，歎無官職被人欺。縣丞主簿還嫌小，又要朝中掛紫衣。做了皇帝求仙術，更想登天跨鶴飛。若要世人心裡足，除是南柯一夢西。」這首打油詩，形象直觀地道出了貪得無厭、欲壑難填的病態心理。其實也正是一般人的欲望寫照。

學歷高低，難保成功

很多人都看到了這樣的現象：有的人學歷很低，甚至只是小學水準，但很有頭腦，透過經商或者從政成爲有名的富商或政治家，有的人擁有博士或者碩士學歷，但是能力似乎很一般，普通的人生中沒有多少亮點；有的人是一流學府培養出來的高材生，但是在社會中卻輸給了學歷很低的人；有的人沒有上過學，但是機智靈活；有的人讀了很多書，卻是木訥呆板……

這其實與人們想像中的結果是不一致的，在人們的想像中，學歷高的人知識就淵博，應該在社會中很成功，但是現實並非如此。原因有很多，而一個最爲基本的常識是很明顯的——學歷高並不等於成功。

教育這種東西眞巧妙，正如水一樣，可以載舟，也可覆舟。中華民族之所以出現過倒退，由燦爛的春秋戰國、秦漢，退到近代鴉片戰爭的地步，原因之一也是讀書人太多，出現了「仕途臃腫症」。學者不事生產，清談誤國，是一件嚴重的事。香港之所以成功，原因也很多，其中一個原因，是大學少，少了一種空洞的、迂腐的、窩囊的、頹廢的、頑固的、幻想的、拘束的、苟且的、退縮的、逃避的心態。生意人務實，面對困難的挑戰苦幹，勇敢而堅定地克服現實的困難，從生活鬥爭中掌握了生存和成長的眞知識、眞學問。

加拿大政府最近做了一項教育調查報告，因爲他們的教育政策出了大問題，原本幾十所大學，可能要裁減起碼一半。讀了這個報告之後，我深深爲加拿大人慶幸，他們畢竟找出問題的癥結所在。

高學歷與成功之間的距離

中國皇帝自私，爲了鞏固政權，打擊天下英才，實行用高尙的迂腐教育，針對最有精力、最有造反潛能的英才一網打盡，扼殺人才。後世歌頌唐太宗的，不外是半諷半頌的一句：「太宗皇帝眞長策，天下英雄盡白頭」。只有大學才可以將人生中最有挑戰性、最勇敢的二、三十年光陰送進圖書館去。見到那些本來甚有前途的年輕人，在圖書館內學死知識，眞爲他們擔心，人類的前途，眞會被死讀書這東西吞蝕。

英國人極有智慧，統治殖民地的政策有三件活寶貝：第一，開辦一個跑馬場；第二，開辦一間高級會所；第三，開辦一間大學。英國人的統治政策，和唐太宗的科舉考試不謀而合。讀大學是應該的，但大學之後，便要踏入社會，將學到的有用知識，變成謀生工具，讀了書而不能改變自己的生活，讀書不是冤枉了嗎？但可惜得很，很多人卻老是在書中鑽，在研究室內搞些無聊的研究，老是鑽牛角尖，將本來簡單易明的東西，鑽到一場糊塗，令世人不解。

讀書人因為有高度自卑感，便將學問變得玄之又玄；但社會不需要這些理論，世人要的，是如何活得好而已。知識本身，是人類克服困難而得來的經驗，本應該吸收了知識之後，令自己更高、更強、更勇猛。可惜得很，讀書人用知識來唬人，藉大學研究為名，逃避責任，不肯從事實際的生產工作。

什麼是真正的教育呢？美國曾經發生一場官司，是汽車大王亨利．福特對一間報館提出控訴。亨利．福特是將汽車變為大眾化交通工具的一位傳奇人物。以前，的汽車是高級分子的專有玩物，亨利．福特認為汽車這種東西可以憑著流水作業生產降低成本，結果他做到了。他建立了福特車廠，並成為美國的民族英雄。福特是一位白手興家的人，正所謂「不招人忌是庸才」，名成利就之後，招惹了不少是非，其中一項，是一位記者說福特是一名不學無術的人。這麼一句話，觸怒了福特先生，於是雙方對簿公堂。

在法庭上，爲了證明福特先生有無學問，主審法官做了一個問答比賽形式的考試，測驗福特先生是否是不學無術的人。面對這種小學生遊戲，福特先生啼笑皆非。福特在庭上教訓他們，這類死記知識，自己的手下有大把專業人才，只要一按桌上的鈴，便得到正確的答案。

懂得答題目的人，不算有學問，因爲這類學問幫不了成千上萬的人改善生活。福特先生藉此告訴世人，什麼是眞正的學問，眞正有學問的人要有一定的胸襟。這種胸襟，是包容萬物的量度，能容納別人長處的人，才懂得將別人的優點結合起來，發揮作用。讀書人和商人以及政治家的分別，便在這裡：越有學問的人越有偏見，越排斥別人，越不能合群，而從商從政的人，明白世界在變，天下沒有一成不變的道理，他們懂得借助別人的長處，加以融合爲己所用，這便是「知人善用」的功夫了。同時，有眞知識的人，懂得運用知識賦予的權力，改善生活。社會在變，世界在進步，眞正的知識在於拿捏住變化和進步的關鍵，用以改變自己，以求適應社會所需。張五常教授的文章講及趙紫陽碰見佛利民時，趙紫陽主動告訴對方，自己沒有學問，只受過中學的教育罷了。佛利民即時說：「不要把在學校時間多少與學問的高低混為一談。有些人在學校念了很多年書也沒有什麼學問。有些人念書不多，但學問卻非同小可。」

事業成功的人，在學校讀書雖少，但本身自強不息，努力自學的精神不減。美、加的情形眞怪，八、九成的創業人士，是沒有受過大學教育的，而那些擁有大學以上學位的人，頂多只是爲人作嫁罷了。

在成熟的社會，用人單位看的是人才的業績，並不是有了高學歷就離成功近了，「惟學歷論」其實是膚淺的看法。在先進國家，僅僅拿個高學歷根本不管用。比爾·蓋茲大學二年級的時候就出去自己創辦公司，因爲他覺得在學校裡面學到的東西太過於理論化，和實際有很大的差別。學校裡面是學不出一個成功企業家的，學校裡面也教不出成功的政治家，一個眞正成功者的成長陣地就在社會現實中。學校裡面可以學到的是技巧、知識還有視野，但是成功最重要的核心是實務，將學校裡面的知識和技能與實務相結合，才能創造出眞正的財富。

有人說：「讀萬卷書不如行萬里路，行萬里路不如閱無數人。」這正說明了實踐經驗的重要性。

人生是不公平的，請接受現實

比爾．蓋茲寫給高中畢業生和大學畢業生的一本書裡，列舉了十一項學生沒能在學校裡學到的東西，是對剛剛畢業的學子們列出的十一條忠告：

1. 人生是不公平的，習慣去接受它吧！
2. 這個世界不會在乎你的自尊，而是期望你先做出成績，再去強調自己的感覺。
3. 你不會一離開學校就有百萬年薪，你不會馬上就是可以發號施令的副總裁，這兩者你都必須經過努力得來。
4. 如果你覺得老師很凶，那麼等你有了老闆就知道，老闆是沒有工作任期保障的。
5. 在速食店送漢堡包並不是作踐自己，你的祖父母對此有另外的理解——機會。
6. 如果你一事無成，不是父母的錯。所以不要怨天尤人，要學會從錯誤中學習。
7. 在你出生前，父母並不是像現在這般無趣，他們變成這樣，是因爲忙著支付你的開銷，爲你洗衣服，聽你自吹自擂。所以在拯救被你的父輩破壞的熱帶雨林之前，先整理好自己的房間。

8. 學校裡成績的高低好壞，對人生來說還言之過早。

9. 人生不是學期制，人生沒有寒暑假。沒有哪個雇主有興趣幫助你尋找自我，請用自己的閒暇做這件事吧！

10. 電視裡演的並不是眞實的人生，眞實人生中每個人都要離開咖啡店去上班。

11. 對書呆子好一點，因爲你未來很可能就爲他們中的一個工作。

這十一條建議中有兩條，是非常道地的人生哲理。第一條就是教人要學會接受不公平。我們以前接受的教育都說人生是公平的，其實這都是不切實的正面宣傳而已。如果仔細觀察就會發現，人生是不公平的，這在生活中處處可見。有的人出生達官貴人家，吃穿無憂，憑藉各種關係就能夠隨心所欲平步青雲；有的人出生貧寒的家世，整日勞碌奔波才能勉強維持生計；有的女孩子一出生就漂亮可愛，有的人則是普普通通沒有絲毫特色；有的人一出生身強健壯，有的人卻是天生殘疾，這就是大自然造物的千差萬別。人世間有起點的不公平，有人口裡含著「金湯匙」出生，有人沒出娘胎就是殘疾；有結局的不公平，同樣的冒險一搏，有人走運有人倒楣；同樣的辛勤付出，有人搶得先機贏家通吃，有人只能向隅而泣。所以說人生是不公平的，要習慣去接受它。如果過分強調公平，會使自己難以安心做事。不公平是社會的常態，不公平也是人類生存的常態。

既然人生是不公平的，就要學會用一顆平常心來思考，不要陷入與別人比較的泥潭中，看到別人住的房子大，心裡就不平衡；看到別人運氣好了，心裡就不高興；看到別人的車高級，就覺得自己的車很差；看到別人的老婆漂亮，就覺得自己的人生很失敗……這樣長久下去，會陷入比較的泥潭中難以自拔。如果真的要比，誰也沒有比爾．蓋茲富有，是不是就因爲總是比不上比爾．蓋茲便覺得人生非常失敗呢？

人生最大的缺憾，就是和別人比較。和高人比，我們自卑；和低人比，我們驕滿。外來的比較，會讓我們的心靈動盪，也會讓我們迷失自己。只有和自己比，不斷地戰勝自己，不斷地超越自己，才會活得充實自然，才會有努力的方向。

因爲你我不同，世界才如此精彩。我們每個人應該活出自己的個性，自己的風采。不論你我是強是弱，都要戰勝自己。因爲戰勝了自己，也就戰勝了別人。

第八條，「學校裡成績的高低好壞，對人生來說還言之過早」也是最爲現實的訓誡。很多時候，我們發現在學校成績非常優秀的人進社會以後卻很普通，他們的才華和能力變得非常一般，而一些在學校成績不好的人入社會以後卻取得很大的成就，這其實是有一定道理的。因爲一個人成功的要素很多，成績的好壞只是在學校環境中按照考試標準做出的判斷，社會需要的不是善於考試的人，所以聰明人應該走出校園思維，不要總是用學校來衡量一個人的未來，這是十分錯誤的。

第四章 海闊任魚躍

海闊無邊任魚遊，天高無界任魚躍。
海水深處既有美麗的珊瑚群，供魚兒欣賞；
也有充滿危險的漩渦，要魚兒警惕。
人海無邊任你行，社會似海深，在職場上走行，
如同行兵作戰，智勇雙全者勝。

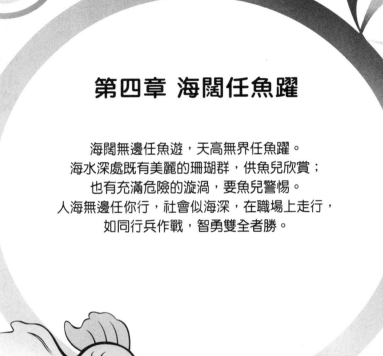

隨季起風，適應環境

任何一件事情，都不可能是一成不變的，總是隨著時間的推移和條件而變化，需要你不斷轉變自己的策略，所以你要學會適應各種不同的形勢，善於把自己融合在環境中，適當把握事情變化的態勢。也許今天你這樣做是完全正確的，但可能到了明天你這樣做就不正確了；也許你過去這樣做會有很好效果，但是現在你這樣做會適得其反。所以孟子說，無論你擁有多少智慧，都比不上能趕得上世界潮流的人。

如果是冬天，風會很冷，如果是夏天，風會很炎熱，如果春天，風就會變得很溫暖，如果是秋天，風會很涼爽，一年四季的天氣是不同的，風也就隨著發生變化。人在社會，就如同風在長空一樣，要懂得隨季節的變化吹不同的風，這需要有敏銳的洞察能力和很強的適應能力，善於應變形勢。

作一股能夠找到方向的風

戰國時代，有孟氏與施氏兩家鄰居。施氏家有兩個兒子，一個兒子學文，一個兒子習武。學文的兒子去遊說魯國的國君，闡明以仁道治國的道理，魯國國君重用了他。那個習武的兒子去了楚國，那時楚國正與外邦作戰，見他武術高強，有勇有謀，就提升他為軍官。施氏因兩個兒子顯貴，滿門榮耀。

施氏的鄰居孟氏也有兩個兒子長大成人了。這兩個兒子也是一個學文，一個習武。孟氏看見施氏的兩個兒子都成才，就向施氏討教。施氏向他說明了兩個兒子的經歷。孟氏回家以後，也向兩個兒子傳授經驗。於是，他那個學文的兒子就去了秦國，秦王當時正準備吞併各諸侯，對文道一點也聽不進去，反而認為這是阻礙他的大業，就砍掉了他一隻腳，逐出秦國。習武的兒子到了趙國，趙國因為連年征戰，民匱國乏，已經厭煩了戰爭，這個兒子的尚武精神引起了趙君的厭煩，砍掉了他的一隻胳膊，也逐出了趙國。

孟氏見鄰居的兩個兒子與自己的兒子有著一樣的學問，卻形成兩種不同的結果，就去問施氏。施氏說：「大凡能把握時機的就能昌盛，而斷送時機的就會滅亡。你的兒子們跟我的兒子們學問一樣，但建立的功業卻大不相同，原因是他們錯過了時機，而非在方法上有何錯誤。況且天下的道理並非永遠是對的，天下的事情也非永遠是錯的。以前所用，今天或許就會被拋棄；今天被拋棄的，也許以後還會派上用場。這種用與不用，並無絕對的客觀標準。一個人必須能夠見機行事，懂得平衡和變化，因爲處世並無固定法則，一切都取決於智慧。假如智慧不足，即使擁有孔丘那麼淵博的學問，擁有姜尙那麼精湛的戰術，哪有不遭遇挫敗的道理？」孟家人聽完這番道理，頓時怒氣全消，心服口服。

形勢，表面上看是看不見、摸不著的，但在現實生活中，每一個人卻都能感覺到它的存在。「勢」以一種特定的格局和無形的力推動和制約著事物發展演變的進程，影響著人們的情感和心理，制約著人們的逆順成敗。很多時候事情的發展不會像預期計劃的那樣，一切有條有理，順遂如意。一些突發事件常常不期而至，如半路殺出個程咬金，使我們辦事受阻，利益名譽受到損害，甚至生命受到威脅。這時候，最好的辦法就是發揮我們的聰明智慧，因勢制宜，隨機應變，化凶爲吉，轉危爲安。「應變」形勢主要有以下兩種情況。

1. 順應形勢，見機行事

順應形勢，就是按照突發事件的勢頭，順同發展，將不利情況逐漸誘導向有利方向。

現實生活中，人與人之間免不了碰撞衝突，對於那些做法失當，讓人厭煩的人或事，運用順勢制宜的處理方法，往往會避免衝突，化解矛盾。有這麼一件事。一位婦女抱著小孩上火車。車上位子已經坐滿，而這位婦女旁邊，一位小夥子卻躺著睡覺，占了兩個人的位子。孩子哭鬧著要座位，小夥子假裝沒聽見。這時，小孩的媽媽說話了：「這位叔叔太累了，等他睡一會兒，就會讓給你的。」

幾分鐘後，年輕人起來客氣地讓了座。這位婦女之所以能成功，妙就妙在她順勢制宜，對那位年輕人採取了尊重禮讓的方法，給他設計了一個「高尚」的角色；他是一個善良的人，只是由於過度勞累，而無法施善行。趨善心理使小夥子無法拒絕扮演這個善良的角色——確切地說，他也樂意接受這種方式。

春節前，上門到各家各戶推銷「對聯」、「財神」畫像的人一波接一波，擾得心煩。有人對朋友說出這一煩心事，不料朋友哈哈一笑：「這好拒絕，保證讓他痛快走，還不得罪他。」那人一愣，問他：「什麼高招？」他說：「你就說你也是推銷這東西的，他一聽，保證回頭就走。」

可見，順應形勢有許多好處，它能恰當地因勢利導、委婉拒絕，於己於對方都自然和諧。運用這種方法，辦事成功率往往很高。

2. 面對困境，以智取勝

因對方的有意刁難或惡意相向，使我們自己處於窘迫、尷尬、受辱和不利的地位，這時候就應該逆勢而行，針鋒相對，以牙還牙。

春秋時期，齊國的晏嬰出使楚國，面對侮辱，反唇相譏，贏得人格和尊嚴。

春秋時，南方的楚國一天比一天強大起來，楚王自認爲是「南嶺虎」，想咬誰就咬誰，齊國雖是個大國，楚國也不放在眼裡。爲了疏通國與國之間的關係，齊王派晏嬰出使楚國。

晏嬰到達楚國。楚王想拿晏嬰出氣，就傳令楚人，儘量羞辱晏嬰。晏嬰遠遠地過來了。前來迎接的禮賓官員見他那麼矮小，就命令士兵打開城門旁邊的側門，看他進不進。

晏嬰儀表堂堂地站在正門前，一聲不響。嘻皮笑臉的兵士過來了，晃著腦袋指了指小門，說：「先生，您請進吧！」晏嬰冷蔑地笑了笑，指著一個側門，打了比喻，反擊道：「這純系狗洞！出使狗國的人，才走狗洞！」

禮賓官員反被侮辱了一通，只好命令士兵把正門敞開。楚王接見了晏嬰，但傲眼朝上，他不屑一顧地問晏嬰：「難道齊國沒有人了嗎？」晏嬰連眼皮也沒抬，誇張地讚頌自己的國家道：「我的故國齊都，名喚臨淄，說大，確實不大，但是如每個人都把袖子甩開，能蓋住偌大的太陽！如果每個人揮一把汗水，無異於下一場大雨！國都的大路上，人如潮湧，摩肩接踵，怎能說沒人呢！」楚王也想誇獎一下自己的國家，又苦於沒有辭令，困窘了半晌，才接上晏嬰的話，冷嘲道：「齊既然人多勢衆，爲什麼選你來出使我國呢？」

晏嬰也順流而下，接著楚王的話音諷刺道：「是的，誠如您所說，齊國派出使者，是經過謹愼選擇的。水準高上的，出使上等國家；水準低下的，出使下等國家。我晏水準低下，不消說，就出使到貴國來了。」

楚王還想反唇相譏，可又覺得自己無理，只好作罷！

上述例證反映了晏子利用聰明才智，對於楚王的污辱給予有力還擊，維護了自己及國家的尊嚴。這是人的智慧，也是語言的威力。

暗渡陳倉，勤練內功

暗渡陳倉與聲東擊西有相似之處，二者都有迷惑敵人、隱蔽進攻的作用。但二者的不同之處在於，暗渡陳倉的時候，一方並沒有隱藏自己的攻擊意圖，而主要是向敵人隱蔽自己的攻擊路線。

實際作戰的時候，一方經常採取正面佯攻的方式，當敵人被牽制而集結固守，自己再悄悄派出一支部隊迂迴到敵後，出其不意地殲滅敵人。

中國歷史上，漢朝的大將軍韓信可以說是使用此計的高手，由他所發動的「明修棧道，暗渡陳倉」早已經成爲古代戰爭史上的著名成功戰例。

秦朝末年，秦二世殘暴專橫，民怨沸騰，群雄並起，紛紛反秦。在長年征戰的過程中，亭長出身的劉邦首先率領部隊攻進咸陽，滅掉了秦國。勢力強大的項羽進入關中後，逼迫劉邦退出關中，並擺下鴻門宴邀請劉邦，準備伺機殺死劉邦。

劉邦此次脫險後，率領部隊退駐漢中。不僅如此，爲了麻痹項羽，劉邦還在撤退的時候，將漢中通往關中的棧道全部燒毀，以表明自己永遠不再返回關中的決心，讓項羽放鬆警惕。而事實上，劉邦一天也沒有忘記徹底打敗項羽，一統天下。西元前二〇六年，已逐步強大起來的劉邦，派大將軍韓信出兵東征。出征之前，韓信派了許多士兵去修復已被燒毀的棧道，擺出要從原路殺回的架勢。關中守軍聽說了這一消息之後，馬上派人密切注意修復棧道的進展情況，並把主力部隊集結到棧道沿線各個要塞，日夜防範，準備阻攔漢軍進攻。

就這樣，韓信的計策果然奏效，透過「明修棧道」的方式，他成功吸引項羽軍隊的注意力，把敵人的主力引誘到棧道一線。就在敵人繼續關注棧道修復情況時，韓信悄悄率領大軍繞道到陳倉，突然發動襲擊，一舉打敗駐守在那裡的大將章邯，並迅即挺入中原，為劉邦統一天下邁出了決定性的一步。

挑水的和尚也要學會挖井

有這樣一個故事。兩個小和尚分別住在相鄰兩座山上的兩座廟裡。兩座山之間有一條小溪，這兩個和尚每天都會在同一時間下山到這條溪邊去挑水。時間長了，他們便成為好朋友。就這樣，時間在每天的挑水中流逝，不知不覺過了五年，雙方都已經習慣天天見面了。突然有一天，左邊這座山的小和尚沒有下山來挑水，右邊那座山的小和尚覺得奇怪，心想：「他大概睡過頭了吧！」也沒有在意，哪知到了第二天，左邊這座山的小和尚還是沒有下山去挑水，第三天也一樣沒出現，這樣過了一個星期，那個小和尚還是沒有來挑水。直到過了一個月，右邊那座山的小和尚終於受不了了，他心想：「我的那位朋友可能生病了吧，我要過去拜訪拜訪他，看看能不能幫上什麼忙。」於是他便爬上了左邊這座山去探望他的老朋友。

這位小和尚到達左邊這座山的廟之後，看到他的老友，不禁大吃一驚。因爲他的這位老友正在廟前打太極拳，一點也不像一個月沒喝水的人。他好奇地問道：「你已經有一個月都沒有下山挑水了，難道你就不用喝水嗎？」左邊這座山上的小和尚說：「來來來，我帶你去看看，你就明白了。」於是，他帶著右邊那座山上的小和尚走到廟的後院裡，指著一口井說：「實際上，這五年來，我每天做完功課後都會抽空挖這口井。即使有時很忙我也堅持不斷，能挖多少就算多少吧。如今終於讓我挖出水來，我就不必再下山去挑水，這樣我可以有更多時間來練習我喜歡的太極拳。」

我們工作賺薪水就像是在挑水，我們常常會忘記把握下班後的時間，去挖一口屬於自己的水井，慢慢培養自己另一方面的實力，你就可能擁有更加廣闊的選擇餘地，也就能夠有更大的發展空間。

欲擒故縱，協調人際

所謂「欲擒故縱」，是說有些時候，退讓反而是最好的進攻，因爲如果把敵人逼急了，他會全力反撲，勢如拼命。與其步步緊逼，倒不如暫時放鬆一步，使敵人喪失警惕，鬆懈鬥志，然後再伺機而動，殲滅敵人。

《三國演義》當中的「諸葛亮七擒孟獲」，就是軍事史上一個「欲擒故縱」的絕妙體現。話說諸葛亮輔助劉備建立蜀漢之後，定下北伐大計。正在這個時候，當時盤踞西南的夷族酋長孟獲率十萬大軍侵犯蜀國。爲了徹底解決北伐的後顧之憂，諸葛亮決定親自率兵先平定孟獲。爲求首戰告捷，鼓舞士氣，蜀軍主力到達金沙江附近之後，諸葛亮派人誘敵出戰，並事先在山谷中埋下伏兵，結果孟獲中了埋伏，成了蜀兵的俘虜。

擒住孟獲之後，很多將領都認爲，既然已經捉住了敵人的主帥，就應該乘勝追擊，將敵人一舉殲滅。可諸葛亮卻不這麼認爲，他考慮到孟獲在西南夷族各部落中有著很高的威望，如果乘勝追擊，蜀軍就不免遭到敵人的頑強抵抗，最終雙方都會有死傷，而且這些部落也不會因此停止侵擾，後方終究難以安定。如果能讓孟獲心悅誠服，主動請降的話，就能讓蜀國的後方眞正穩定下來。

考慮到這些因素，諸葛亮決定釋放孟獲。當時孟獲告訴諸葛亮：「我下次一定能夠打敗你！」諸葛亮只是微微笑了一下，並沒有做出任何回答。孟獲回營之後，馬上命令手下拖走了瀘水上的所有船隻，準備據守瀘水南岸，阻止蜀軍渡河。可讓他沒有想到的是，諸葛亮此時卻乘敵不備，從敵人不設防的下游偷渡過河，並襲擊了孟獲的糧倉。孟獲大怒，準備嚴懲手下的將士，結果激起將士的反抗，他們趁著孟獲沒有防備的時候，將孟獲捆綁起來，送到蜀營，交由諸葛亮發落。諸葛亮見孟獲仍然不服，於是再次將他釋放。

就這樣，面對孟獲一次又一次用計，諸葛亮都從容地一一化解，直到最後，諸葛亮火燒孟獲的藤甲兵，第七次生擒孟獲。這樣，憑著一次次的勝利，諸葛亮終於感動了孟獲，他眞誠地感謝諸葛亮七次不殺之恩，發誓效忠蜀國，再也不謀反了。從此，蜀國西南安定團結，爲諸葛亮北伐奠定了基礎。

人際關係如海，深不見底，廣袤無垠

俗話說：「一把鑰匙開一把鎖。」也就是說，只要是鎖就有鑰匙能打開它，有鋒利的矛也就必然有堅硬的盾。同樣的道理，人際關係處理雖不是易事，卻也可以處理得好。只是法無定法，而這「法無定法」本身便是一種絕妙的「法」，遵循著「法無定法」的有「法」之路，以不變應萬變，巧妙施法，才能立足於人群之中。

你的舉手投足，言談話語，無不向周圍的人群展示著某些訊息，而其他人也會注意這些細節，以便察顏觀色，所以我們應時刻注意自己的言行。

1. 做個精明能幹的人

上司一般都很賞識聰明、機靈、有頭腦、有創造性的下屬，這樣的人往往能出色地完成任務。有能力做好本份工作是使上司滿意的基本前提，你若被人認爲是無能之輩，就很危險了，但無論如何一定要學會把功勞歸於上司。

常有人會說這種客套話：「我能獲得好成績，完全是上司和同事們協助的成果。」這種客套話雖然很乏味，卻有很大的妙用，它顯得你謙虛謹慎，因而減少他人的忌恨。好東西每一個人都喜歡，越是好吃的東西，越是捨不得給別人，這是人之常情。如果你有遠大的抱負，就不要斤斤計較自己的功績，而應大大方方地把功勞讓給身邊的人，特別是讓給你的上司。上司臉上有光彩，以後自然少不了給你更多建功立業的機會。反之，如果你凡事精打細算，急功近利，則很容易得罪身邊的人，日後一定會吃虧的。

2. 要學會表現自己

常言道，「疾風知勁草」，在關鍵時刻，上司會眞切地認識下屬。人生機遇可遇不可求，不要錯過表現自己的機會。當某項工作陷入困境，你若能大顯身手，定會讓上司格外器重。當上司遭受挫折時，你若能勸慰，定會令其格外感激。

此外，還不能任意張揚自己、自我宣傳，令人感到你在邀功請賞。這是不尊重上司的表現，千萬不要這麼做，雖然這樣做似乎有點埋沒了你的才華，但相信你的同事和上司對你的評價一定很高。

3. 要學會與人溝通

讚揚不等於奉承，欣賞不等於諂媚。讚揚與欣賞上司的某項特長，表示你肯定這項特長。上司也需要從別人的評價中，瞭解自己的成就以及在別人心目中的地位，當他受到稱讚時，自尊心會得到滿足，並對讚美他的人產生好感。所以適時給予上司正面回應，是與上司溝通無礙的最佳良方。

與上司交談時，千萬不要賣弄上司不懂的技術性術語，以免他會覺得你是故意難爲他；甚至覺得你的才幹對他的職務構成威脅，而產生戒心，處處壓制你。

4. 胸襟開闊學會包容

法國著名作家雨果曾說：「世界上最寬闊是海洋，比海洋更寬闊的是天空，比天空更寬闊的是人的心靈。」

爲職者必須做到胸懷寬廣，不要爲小名小利斤斤計較。所謂「大事講原則，小事講風格，求大同，存小異，互諒互讓」。

待人要寬厚和善，一味計較個人小利，因爲芝麻而丟了西瓜，豈不愚笨？絕不可因爲某人與自己看法不一致，便對其側目相向，排斥打擊，盲目地排擠別人並不能給自己爭得空間，正如物理學上所說，力的作用是相互的，擠壓皮球的同時有可能會被皮球反彈回來，更有可能壓破皮球而傷了自己。

爲職者對人更要熱情。所謂的「熱情」體現在一些日常生活小事上，例如關心別人，幫助他人，不計個人小小的恩怨，給人和善可親近的感覺。

一個人想要在工作中面面俱到，誰也不得罪，誰都說你好，是完全不可能的。然而同事之間的意見衝突都是起源於工作上的看法紛歧，因此是對事不對人。只要你大大方方，不當一回事，相信對方也會以相同豁達的態度對待你。

其次，即使對方仍對你有成見，也不會妨礙你與他的來往。因爲同事之間的來往，並不是朋友之間的那種友誼和感情，僅僅是爲了工作，是任務。彼此之間有歧異沒關係，只求雙方在工作中能合作就行了。由於工作本身涉及到雙方的共同利益，如果對方是一個聰明人，他自然會想到這一點，這樣，他也會努力與你合作。如果對方仍執迷不悟，你不妨找機會向他說明這一點，相信有利於你們相互之間的合作。

兼聽則明，聽取建議

三國時期，魏國的人才學家劉劭在《人物志》中曾對多種人物性格有比較深入詳細的描述，具體如下：

厲直剛毅，材在矯正，失在激訐。
柔順安恕，第在寬容，失在少決。
雄悍傑健，任在膽烈，失在多恩。
精良畏那，善在恭謹，失在多疑。
強指堅勁，用在禎幹，失在專固。
論辯理繹，能在釋結，失在流宕。
普博周給，弘在覆裕，失在溷濁。
清介廉潔，節在位固，失在物肩。
休動磊落，業在拳躋，失在疏越。

沈靜機密，精在玄微，失在遲緩。
樸露徑盡，質在中誠，失在不微。
多智韜情，權在譎略，失在依違。

這段話精闢地闡述了人的每種性格與其雙重性，道出了人的性格矛盾，從正反兩方面剖析了十二種不同性格的優缺點。千人就有千面孔，有平原的平坦開闊，就有高山的巍峨挺拔，有陸地就有大海，我們不應該求全責備，誰也找不到一個完美無缺的人。如果一個人沒有短處的話，也就必然沒有了長處，這不是無稽之談，是符合辯證規律的。一個明智的人，當然應當學會看到別人的長處，而忘掉別人的短處，應當重視別人，多多聽取別人的建議。

如果你總是閉目塞聽，常常自以為是，就無異於閉門造車，兼聽本身便是聰明的捷徑。古人有「聽君一席話，勝讀十年書」之說，由此可見，善於聽的人常常可以透過聽別人的議論，拓寬視野，增加知識，獲取經驗，增長見聞，豐富閱歷，是自我完善的有效途徑。古代時，名相子產不毀鄉校便是廣泛聽取鄉校中的議論，採納雅言，見證得失，以鄉校的議論作爲鏡子，及時發現失誤和長處，採取有效的措施。

俗話說：「三個臭皮匠，頂一個諸葛亮」。一個人不管多麼聰明，對問題的看法也不可能完全準確，而他人的意見恰能彌補這些不足。古人云：「智者千慮，必有一失；愚者千慮，必有一得。」再愚鈍的人也能想出一個好辦法，無論何等聰慧機智也難免有失誤之處。我們並不是要譏笑智者百思以後仍然不能避免的「一失」，而是在提醒大家，應當注意愚者的「一得」，不能隨隨便便地認爲某某人蠢笨，並因此而瞧不起別人。其實任何人都有自己思維的獨到之處，無論你本身多麼偉大，多麼不尋常，也應該注意聽取別人的意見。聽取別人的意見，也表明對他人的尊重，有利於維護親密友善的關係，使自己獲得好人緣。

很多歷史的教訓告訴我們，善於聽取別人的建議，最大好處在於能夠籠絡人心爲己所用。爲職者如果善於傾聽別人的議論和觀點，會使別人感到自己受到了重視，從而對你產生好感。如果你總是善於從別人的建議中找到金子，你很快就會變成一顆鑽石。

永遠讓你的老闆先說話

業務代表、行政職員、經理一起走在路上去吃午餐，意外發現一個古董油燈。他們摩擦油燈，一個精靈從一團煙霧中飛了出來。精靈說：「我給你們每個人一個願望。」「我先！我先！」職員搶著說：「我要到巴哈馬，開著遊艇，自在逍遙。」噗！她消失了。「換我！換我！」業務代表說：「我要在夏威夷，和女按摩師躺在沙灘上，還有喝不完的鳳梨汁和生命之愛。」噗！他也消失了。「好了，現在該你了！」精靈對經理說。經理說：「我只希望他們兩個吃完午餐後回到辦公室。」唰的一聲，其他兩人立刻回到經理面前。

觀色是社交中的「風向球」

民諺道：「一個目光表達了一千多句話。」心理學家認爲，眼睛是心靈的「窗戶」，它能做爲武器來運用，使人膽怯、恐懼。在表示反感和仇恨時，瞳孔縮小，還露出刺人的目光。相反的，睜大眼睛則表示具有同情心和懷有極大的興趣，並表明贊同和好感。目光中除了能看出上級與下級、權力與依賴的關係外，還能揭示出更多的東西。

對他人的言語、表情、手勢、動作，以及看似不經意的行爲有敏銳細緻的觀察，是掌握對方意圖的先決條件。測得風向才能使舵，和上司打交道時，對其眼手的觀察，能夠讓我們洞悉其內心，在上司面前說話辦事，注意從十五方面察言觀色：

1. 上司說話時不抬頭，不看人。這是一種不良的徵兆——輕視下屬，認爲此人無能。

2. 上司從上往下看人。這是一種優越感的表現——好支配人、高傲自負。

3. 上司久久地盯住下屬看——他在等待更多的資訊，他對下級的印象尚不完整。

4. 上司友好和坦率地看著下屬，或有時對下屬眨眨眼——下屬很有能力、討他喜歡，甚至犯錯誤也可以得到他的原諒。

5. 上司的目光銳利，表情不變，似利劍要把下屬穿透。這是一種權力、冷漠無情和優越感的顯示，同時也在向下屬示意——你別想欺騙我，我能看透你的心思。

6. 上司偶爾往上掃一眼，與下屬的目光相遇後又朝下看，如果多次這樣做，可以肯定上司還摸不透這位下屬。

7.上司向室內凝視著，不時微微點頭。這是非常糟糕的信號，它表示上司要下屬完全服從他，不管下屬們說什麼，想什麼，他一概不理會。

8.雙手合掌，從上往下壓，身體起平衡作用——表示和緩、平靜。

9.雙手插腰，肘腕向外撐，這是好發命令者的一種傳統肢體語言，往往是在碰到權力問題時所做的姿勢。

10.上司坐在椅子上，將身體往後靠，雙手放到腦後，雙肘向外撐開，這固然說明他此時很輕鬆，但很可能也是自負的意思。

11.食指伸出指向對方——一種赤裸裸的優越感和好鬥心。

12.雙手放在身後互握，也是一種優越感的表現。

13.上司拍拍下屬的肩膀表示認可和賞識，但只有從側面拍才表示真正的嘉許；如果從正面或上面拍，則表示小看下屬或顯示權力。

14.手指並攏，雙手構成金字塔形狀，指尖對著前方——一定要駁回對方的示意。

15.把手捏成拳頭——不僅要嚇唬別人，也表示要維護自己的觀點，倘若用拳頭敲桌子，那就是企圖不讓人說話。

肢體語言專家們認爲，和眼睛一樣，嘴的閉合也會洩露眞情。「哈哈」大笑，意味著放鬆和大膽；「嘻嘻」的嗤笑，是幸災樂禍的表現；而「嘿嘿」笑時，則意味著譏諷、陰險或者蔑視，這樣笑的人多數爲狂妄自大、自恃清高的人。

精神學家認爲，手勢、表情豐富的領導者是容易衝動、特重感情的人；但如果某人手勢做得太誇張，那麼他就是個敏於對外界做出反應、容易受別人影響、很苛求的人，是個軟弱的領導者。

心理學家認爲，有許多肢體語言能讓下屬知曉上司的內心世界，瞭解他所說的是否就是他的眞實想法。

一位精神病專家說：「要想改變自己的肢體語言，需要很長的時間，因爲一個人不可能在太多方面自我控制。」

見風使舵是一切做人做事中的基本技術。不會見風使舵，等於不知風向便去轉動舵柄，弄不好會在小河溝中翻了船。

直覺雖然敏感卻很容易受人蒙蔽，懂得如何推理和判斷才是見風使舵所追求的頂級技藝。言辭能透露一個人的品格，表情眼神能讓我們窺知他人內心；衣著、坐姿、手勢也會在毫無意識之下出賣它們的主人。言談能告訴你一個人的地位、性格、品德，及至流露內心情緒，因此聽懂弦外之音是見風使舵的關鍵所在。

順手牽羊，把握時機

古代兵法有云：「微隙在所必乘；微利在所必得。少陰，少陽。」如果翻譯成現在的白話文就是：對方出現微小的漏洞，必須及時利用；發現微小的利益，要力爭獲得，要變敵方小的疏忽爲我方小的勝利。

按字面意思來理解，順手牽羊是比喻毫不費力的意外收穫，用於職場的謀略，是指抓住意料之外的機遇，乘機而上，贏得順勢的收穫。比如輕而易舉的兼職，就是職場「順手牽羊」的範例。

我的一位朋友去澳大利亞留學，剛到國外的時候，爲了尋找一份能夠勉強糊口的工作，他就騎著一輛自行車，沿著漫長的環澳公路走了數日，替人放羊、給人割草、收莊稼、洗碗……只要是能夠給自己一口飯吃的活，他都會暫且停下疲憊的腳步去做。有一天，他在唐人街上的一家餐館打工，打掃洗手間的時候看見報紙上刊出了澳洲電訊公司的招聘廣告。這位朋友擔心自己的英語不夠道地，專業不足，於是選擇了線路監控員的職位去應徵。沒想到過五關斬六將，他馬上就要得到那年薪三萬五千澳幣的職位了，不料那位主考官卻出人意料地問他道：「你有車嗎？你會開車嗎？我們這份工作要時常外出，沒有車是寸步難行的。」澳大利亞的公民普遍擁有自己的私家車，沒有車的人寥若晨星，可這位朋友剛過去，初來乍到還屬無車族。爲了爭取這個極具誘惑力的工作，他便不假思索地回答說：「有！會！」「四天後，開著你的車來上班。」那位主管說。

四天之內就要買車、學車，這談何容易啊，但是爲了生存，這位朋友豁出去了。他在自己華人朋友哪裡借了五百澳幣，咬牙從舊車市場裡買了一輛外表醜陋但是比較實用的「甲殼蟲」。

第一天，他就跟著華人朋友學簡單的駕駛技術，由於精神高度集中，因此很快就學得差不多了；第二天，開始在朋友屋後的那塊大草坪上摸索練習開車；第三天，自己一個人就歪歪斜斜地開著車上公路了；第四天，他居然駕著車去公司報到，終於得到那份工作。時至今日，這位朋友已是「澳洲電訊」的業務主管了。

我這位朋友的專業水準如何我無從知道，但我確實非常佩服他的膽識。如果他當初畏首畏尾地不敢向自己挑戰的話，就會失去大好機會，也就絕不會有今天的輝煌。就是在那一刻，他毅然決然地斬斷了自己的退路，把自己置身於命運的懸崖絕壁之上。有時候面臨這種後無退路的境地，人才會集中精力奮勇向前，從生活中爭得屬於自己的位置。由此可見，機會是需要人去把握的，但是抓住機會並不是一句空話，需要付出很多的心血。

深藏不露，韜光養晦

孔子年輕的時候，曾經受教於老子。當時老子對他講：「良賈深藏若虛，君子盛德容貌若愚。」即，善於做生意的商人，總是隱藏其寶貨，不令人輕易見之；而君子為人，品德高尚，容貌卻顯得愚笨。其深意是告誡人們，過分炫耀自己的能力，將欲望或精力不加節制地濫用，是毫無益處的。中國舊時的店鋪裡，店面是不陳列貴重貨物的，店主們總是把它們收藏起來，只有遇到有錢又識貨的人，才告訴他們好東西在裡面。倘若隨便將上等商品擺放在明面上，豈有賊不惦記之理。不僅是商品，人的才能也是如此。俗話說「滿招損，謙受益」，才華出眾而又喜歡自我炫耀的人，必然會招致別人的反感。所以，無論才能有多高，都要善於隱匿，即表面上看似沒有，實則充滿的境界。

道家《莊子》一書中還指出「安時而處順，哀樂不能入也」。這句話的意思是，能夠安於時代潮流，因襲自然法則的人，大喜大悲就不會佔據他的內心。有一些人為了出人頭地，達到自己的目標，往往不顧一切，拼命去爭取。而一旦遭到挫折或打擊，就意志消沈，一蹶不振。過猶不及，違背了自然規律便是得不償失。

密藏不露是一種高層次的謀略，也是成功者的基本素質之一。我們不難發現，那些口若懸河、好出風頭、心中藏不住半點秘密的人往往非常淺薄。時間長了，也令人反感乃至厭惡。而那些看來口齒笨拙或者總是隱藏自己才幹的人，卻往往成竹在胸，計謀過人，更容易成功。人說「宰相肚裡能撐船」，是說大人有大量，這個「大量」也包括鎮定自若，胸中自有百萬雄兵，能藏得住秘密。實際上，宰相肚裡的船，是不會撐到外面去的，心機只有自知。肚裡無論怎麼計策謀劃，仍然不動聲色。等對手麻痹了，放鬆了，甚至高興了，就可以悄無聲息地隨意處置對方。或者，至少讓人相信你是一個誠實的人，不會陷害或攻擊對方，讓人對你萌生好感。這是一種非凡的人格修養，也容易獲得別人的信任。試想，如果你肚裡什麼都包藏不住，這邊聽了那邊說，誰還會相信你呢？

國家圖書館出版品預行編目資料

我命在我不在天／陳鵬飛作.
第一版——臺北市：老樹創意出版；
紅螞蟻圖書發行，2010.5
面；　公分. ——（New Century；32）
ISBN 978-986-6297-11-3（平裝）
1.成功法
177.2　　　　99008312

New Century 32

我命在我不在天

作　　者／陳鵬飛
文字編輯／胡文文
美術編輯／上承文化有限公司
發 行 人／賴秀珍
榮譽總監／張錦基
出　　版／老樹創意出版中心
企劃編輯／老樹創意出版中心
發　　行／紅螞蟻圖書有限公司
地　　址／台北市內湖區舊宗路二段121巷28號4F
網　　站／www.e-redant.com
郵撥帳號／1604621-1　紅螞蟻圖書有限公司
電　　話／(02)2795-3656（代表號）
傳　　眞／(02)2795-4100
港澳總經銷／和平圖書有限公司
地　　址／香港柴灣嘉業街12號百樂門大廈17F
電　　話／(852)2804-6687
法律顧問／許晏賓律師
印 刷 廠／鴻運彩色印刷有限公司
出版日期／2010年5月　第一版第一刷

定價240元　港幣80元

ISBN 978-986-6297-11-3 Printed in Taiwan

紅螞蟻圖書有限公司

唐山(佛光店)專.

(03)987-1000#11384

99/05/24

書局： B03801唐山(佛光店)專.文史

系列： New Century

書號： 15101032

書名： 我命在我不在天《你不能不知道的人性潛規則》

定價： 240 5x

供應商：紅螞蟻圖書有限公司

TEL/(02)2795-3656

FAX/(02)2795-4100

老樹創意

老樹創意